Yvonne Kejcz

SO SAG ICH'S
MEINEM HUND

Kosmos

INHALT

Zur Einführung ▶4
- 6 ▶ Was Menschen ihren Hunden antun
- 9 ▶ Gründliche Überlegungen vor dem Hundekauf
- 12 ▶ Hundekauf ist Glückssache
- 13 ▶ Nicht einfach probieren, vorher studieren!

So lernt Ihr Hund ▶16
- 17 ▶ Hunde lernen nach dem Lustprinzip
- 27 ▶ Beeindrucken statt bestrafen
- 33 ▶ Umgängliche Hunde brauchen Umgang

So leben Sie mit Ihrem Hund ▶40
- 41 ▶ Legende Hundekörbchen
- 45 ▶ Reviere und ihre Bedeutung
- 48 ▶ My home is my castle!
- 51 ▶ Gar lustig ist die Jägerei!
- 56 ▶ Hunde machen richtig Dreck

So spricht Ihr Hund ▶61
- 62 ▶ Hunde, die jedes Wort verstehen
- 63 ▶ Was Hunde verstehen
- 64 ▶ Das will ein Hund von Ihnen
- 65 ▶ Schauen Sie mal hin
- 67 ▶ Schauen Sie mal weg
- 69 ▶ Spielend verständigen

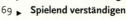

So bleibt Ihr Hund gesellschaftsfähig ▶75
- 76 ▶ Beißt Ihr Hund?
- 78 ▶ Versteh' einer die Menschen
- 79 ▶ Der Hund – Staatsfeind Nr. 1
- 80 ▶ Hundebesitzer haben viele Gesichter
- 84 ▶ Einander fair begegnen
- 85 ▶ Spazieren gehen für Anfänger

INHALT

So erziehen Sie Ihren Hund ▶ 88

- 89 ▶ Zieh doch nicht so!
- 91 ▶ Ich geh' fort, und du bleibst da!
- 93 ▶ Hunde-Abi
- 97 ▶ Erziehung ist Chefsache

So finden Sie Ihren Hund ▶ 104

- 106 ▶ Der passende Hund
- 113 ▶ Beim zweiten Hund wird alles anders?
- 114 ▶ Glücksfall Hund
- 117 ▶ Zum Schluss

Service ▶ 116

- 119 ▶ Zum Weiterlesen
- 120 ▶ Adressen
- 121 ▶ Register
- 122 ▶ Impressum, Bildnachweis
- 124 ▶ InfoLine

Zur Einführung

6	▶	Was Menschen ihren Hunden antun	12	▶ Hundekauf ist Glückssache
9	▶	Gründliche Überlegungen vor dem Hundekauf	13	▶ Nicht einfach probieren, vorher studieren!

Wenn Sie sich einen Welpen ins Haus holen, geschieht etwas, das zwar seit über zigtausend Jahren schon viele Millionen Mal passiert, aber immer noch ein großartiger und fesselnder Prozess ist. Zwei unterschiedliche Arten – Hund und Mensch – gehen eine Bindung ein, die so tief ist und die so von gegenseitigem Verstehen geprägt sein kann, wie es dies sonst nirgendwo in der Natur zwischen verschiedenen Arten gibt. Sie und Ihr Welpe vollziehen miteinander dieses einzigartige und wunderbare Erlebnis nach.

Ich wünsche Ihnen, dass Sie für Ihren Hund und für sich das Beste daraus machen. Ihr Welpe bringt dafür alle Voraussetzungen mit. Sie müssen sich – wenn es das erste Mal ist – dafür kundig machen. Ich will Ihnen die wichtigsten Grundlagen für dieses gegenseitige Verstehen vorstellen und Sie ermutigen, selbst auf Entdeckungsreise in die Hundewelt zu gehen, wie es unsere steinzeitlichen Vorfahren schon getan haben.

Unsere Umwelt setzt den Bedürfnissen unserer Hunde und unserem Interesse an artgerechter Haltung immer engere Grenzen, fordert von uns immer mehr Arbeit mit dem Hund und Verständnis für ihn. Obwohl noch nie so viele wissenschaftliche Erkenntnisse zum Thema Hund vorlagen wie heute, wissen so viele Hundehalter/innen so wenig über ihren vierbeinigen Beglei-

ter. Das muss sich ändern, sonst werden sich die hundefeindlichen Tendenzen in unserer Gesellschaft vermehren!

Bei der Anschaffung eines neuen Familienautos wird in aller Regel wochenlang diskutiert, werden Prospekte und Fachzeitschriften gewälzt. Schließlich ist jedes Familienmitglied Experte und kann begründen, welches Auto er für das beste hält.

Er verlangt Ihr Jawort für's Leben – enttäuschen Sie ihn nicht!

Hunde sind wunderbare Partner, wenn man sie nur lässt.

Bei der Anschaffung eines Hundes dagegen muss man sich anscheinend überhaupt keine Gedanken machen. Gedankenlos und bedenkenlos, von jedem Fachwissen ungetrübt, holt man sich ein beseeltes Lebewesen ins Haus. Vielleicht hat man gerade mal ein Rassehundebuch durchgeblättert. Wenn man sich einen Mischling anschafft, unterbleibt meist sogar diese oberflächliche Beschäftigung mit dem Thema. Für viele menschliche und hundliche Tragödien wird damit der Grundstein gelegt.

An diesem Problem sind unsere Hunde zum Teil auch noch selbst »Schuld«, denn sie haben sich auf wunderbare Weise uns Menschen angepasst, so dass der Eindruck entsteht, man müsste sich gar nicht groß mit ihren arttypischen Bedürfnissen beschäftigen. Viele holen sich irgendwoher einen Hund, und hoffen, dass sich die Sache dann schon von alleine regeln wird.

▶ Was Menschen ihren Hunden antun

Wir wollen hier gar nicht von dem entsetzlichen Leid sprechen, das vielen Hunden in Versuchslaboren zugefügt wird, auch heute noch und nachdem der Tierschutz Verfassungsrang bekommen hat. Es geht hier um den ganz alltäglichen Terror, den Menschen, also Hundebesitzer, gegen die ihnen anvertrauten Geschöpfe ausüben.

HUNDE-DESIGNER ▶ Dass Menschen Hunderassen gezüchtet haben, ist ganz in Ordnung und nützt uns auch heute noch, denn wir können uns besser ein Bild davon machen, welcher Hundetyp und welche Rasse am besten zu uns passt.

Züchterische Aktivitäten machen aber aus so manchem Hund auch ein besonders exotisches Wesen, das kaum mehr gehen kann, das chronische Atembeschwerden hat, das ständig an schmerzhafter Bindehautentzündung leidet, das chronische Rückenleiden hat, weil es zu lang oder zu steil abfallend gezüchtet wurde, das so klein gezüchtet wurde, dass es offene Fontanellen aufweist, das so lange gekreuzt und falsch erzogen wurde, bis aus ihm eine aggressive Bestie wurde. Auch wenn vieles immer besser wird – es gibt sie immer noch diese vergewaltigten Hunde(rassen).

Lassen Sie uns hier die Schreckensliste beenden. Solche »Züchter« sind Hundefeinde. Sorgen Sie durch Ihre Kaufentscheidung dafür, dass ihnen künftig das Wasser abgegraben wird.

WAFFENBESITZER ▶ Hunde sind freundliche, dem Menschen zugetane Lebewesen. Ihrer Art entsprechend schützen sie, was sie lieben. Wer diese Liebe ausnützt, wer seinen Hund als Ersatz für Pistole oder Knüppel und als Ersatz für fehlendes Selbstbewusstsein benutzt, wer mit seinem Hund anderen Menschen droht, ist ein Tierquäler und Menschenfeind.

Solche Leute finden Sie aber nicht nur in kriminellen Kreisen, es gibt sie auch leider immer noch viel zu oft auf einigen Hundeplätzen. Und solcherart missbrauchte Hunde finden Sie in Ihrer Nachbarschaft: in Zwingern, an Ketten, an Laufleinen und in Garagen.

Das neue Tierschutzgesetz schützt unsere Freunde vor solchen Menschen immer noch unzureichend. Die seit einigen Jahren bestehenden Hundeverordnungen der Länder schützen niemand vor aggressiven Hunden und auch die Hunde nicht vor Menschen, die sie aggressiv machen. Es sind Beispiele dafür, wie Politik Probleme verschlimmert, anstatt sich um durchgreifende Lösungen zu bemühen. Das Einzige, was mit diesen Gesetzen erreicht wurde, ist eine Verschlechterung der Lebenssituation von Hunden und Hundehaltern, die sich in der ganz überwiegenden Mehrheit nie etwas zu Schulden kommen ließen.

ASOZIALE ▶ Hunde sind soziale Lebewesen. Sie brauchen die Gemeinschaft mit ihren Menschen wie die Luft zum Atmen. Viele Menschen kaufen sich einen Hund zu Dekorationszwecken: für das neue Reihenhaus, als Versöhnungsgeschenk nach Ehekrächen, weil die lieben Kleinen es sich gerade wünschen, weil ein Hund so gut zum modernen Landlordimage und dem neuen Geländewagen passt oder auch einfach nur mal so. Bald verliert man dann das Interesse an dieser Anschaffung, Zeit hat man ja ohnehin nicht. So wird das Tier notdürftig versorgt und ansonsten sich selbst überlassen. Neurotische, unglückliche, manchmal gefährliche Hunde sind das Ergebnis – ein tragisches Schicksal für den betroffenen Hund.

PSEUDOELTERN ▶ Viele schaffen sich einen Hund als Ersatz für einen unerfüllten Kinderwunsch an oder weil die eigenen Kinder sich nicht mehr um die Eltern kümmern. Hunde haben dabei keine Chance, deutlich zu machen, dass sie Tiere mit arttypischen Bedürfnissen und Ansprüchen sind. Sie werden so entschieden geliebt, bis sie jede hundliche Äußerung aufgeben,

Kein gesunder Hund ist von sich aus übersteigert aggressiv – man macht ihn dazu.

ZUR EINFÜHRUNG

Hundekauf ist Adoption, sonst sind die Probleme vorprogrammiert.

abstumpfen und alles still erdulden oder bestenfalls die Verhätschelung genießen. Oder aber sie werden nicht erzogen und dann bald zu Terroristen des Besitzers und seiner Umgebung. Diese Gleichgültigkeit gegenüber den tierischen Bedürfnissen ist nicht minder schlimm als jede andere Vergewaltigung unserer Hunde.

PRODUZENTEN UND HÄNDLER ▶

Trotz Novellierung des Tierschutzgesetzes hat sich nichts Entscheidendes geändert: Hunde dürfen immer noch auf Halde produziert und über den Hundehandel vertrieben werden. In finsteren Verschlägen werden Hündinnen als Gebärmaschinen missbraucht. Die produzierten Welpen werden an profitorientierte Händler weitergegeben und an gedankenlose und uninformierte Interessenten verkauft. Hunde, die wie eine Ware gekauft werden, sind schnell »Wegwerfartikel«, von denen die Tierheime überquellen. Aber davon einmal abgesehen: Eine solche Produktion von Hunden widerspricht allem, was wir von artgerechter Aufzucht wissen. Es sind Verbrechen am Hund, die so geschehen, und Leute, die bei Hundehändlern kaufen, leisten bewusst oder unbewusst Beihilfe zu diesem Verbrechen. Angesichts der Fülle von Informationen über diese armen Hunde in Presse, Büchern und im Fernsehen, kann heute kein Hundekäufer mehr sagen, er hätte von nichts gewusst.

Hundekauf ist Adoption. Welpen müssen in der Familie aufgezogen, auf den Menschen geprägt werden und dann direkt in die aufnehmende Familie übergehen. Alles andere ist eine

Gemeinheit gegenüber dem Hund und legt die Voraussetzung für spätere Schwierigkeiten. Achten Sie darauf, wenn Sie Ihren Hund kaufen. Mal ganz abgesehen von den illegalen Machenschaften, werden Sie keine Freude an einem unsozialisierten Welpen haben.

▶ **Gründliche Überlegungen vor dem Hundekauf**

Hundehaltung wird immer schwieriger, unsere Umwelt immer enger, hindernde Vorschriften nehmen zu, ebenso wie die Hundefeindlichkeit. Gleichzeitig wird die Anschaffung eines Hundes immer unüberlegter durchgeführt. Manchmal ist man der bessere Hundefreund, wenn man auf die Haltung eines Hundes verzichtet.

Einen vernünftigen Grund für die Anschaffung eines Hundes gibt es ohnehin nicht; legen Sie sich deshalb gar nicht erst einen solchen Grund zurecht. Viele unvernünftige, wunderbare Gründe gibt es allerdings schon, sein Leben mit einem Hund zu teilen. Überlegen Sie aber trotzdem einmal:

▶ Vergessen Sie, was in den verschiedenen Hundebüchern über den Zeitaufwand steht, den die betreffende Rasse oder ein Hund allgemein benötigt. Es ist immer sehr, sehr viel mehr Zeit, die Sie brauchen. Am liebsten ist Ihr Hund ohnehin den ganzen Tag mit Ihnen zusammen.

▶ Hunde machen ziemlich viel Dreck. Den kann man reduzieren, aber nie verhindern. Ihr Lebensstil wird sich eventuell ändern müssen, und zusätzliche Arbeit macht das natürlich auch.

▶ Hunde müssen erzogen werden. Dazu müssen Sie sich informieren und eventuell beraten lassen, und dazu brauchen Sie sehr viel Geduld und Konsequenz. Trotzdem klappt nicht immer alles. Hunde raufen auch mal mit der Konkurrenz. Hunde können durch Unachtsamkeit Unfälle provozieren. Hunde brauchen draußen jedenfalls Ihre ständige Aufmerksamkeit.

▶ Hunde müssen in unserer engen Umwelt lernen, mit anderen Hunden auszukommen, und sie müssen lernen, Lärm, Geräusche, Geräte und Menschen zu tolerieren. Sie sind bereit, gemein-

Auch wenn tausende Ahnen ihn dazu treiben – Jagen ist für unsere Haushunde tabu.

Hunde brauchen Beschäftigung und Spielmöglichkeiten, damit sie ausgelastet sind – Ihre Aufgabe ist es, dieses zu bieten.

sam mit Ihrem Welpen, diesen Lernprozess zu machen. Sie müssen schon vor der Ankunft eine geeignete Welpenspielgruppe suchen, damit die Sache Hand und Fuß bekommt.

▶ Hunde müssen beschäftigt werden, sonst verblöden sie oder machen aus lauter Langeweile ständig Unfug. Ein Hund, der den ganzen Tag unbeschäftigt im Vorgarten verbringt, entwickelt schnell Spiele, die ihm die Langeweile vertreiben – und die können für Ihren Garten oder die Passanten ganz schön stressig werden. Sie müssen also spielen, spielen und nochmals spielen, neue Aufgaben stellen und diese Ihrem Hund beibringen, auch wenn sie völlig unnütz sind – Beschäftigung tut not.

▶ Hunde kosten Geld, und das nicht zu knapp: Steuern, Versicherung, Tierarzt, Hundeschulen, Vereine, Spielzeug, Kauzeug, Futter, Vitaminpräparate usw. summieren sich ganz schön.

▶ Hunde mögen es gar nicht, wenn Sie sie in Ihrem Urlaub in die Hundepension bringen. Ein Urlaub im Ferienhaus oder auf dem Campingplatz in einem hundefreundlichen Land ist auch für den Hund schön – wenn Sie aber gerne und regelmäßig Reisen unternehmen, bei denen Ihr Hund Sie nicht begleiten kann, dann schaffen Sie sich besser keinen an.

▶ Hunde werden auch mal krank oder kriegen kleine, keineswegs appetitliche Wehwehchen. Hunde können auch Allergien und chronische Krankheiten bekommen, die zeit- und kostenaufwändige Therapien benötigen. Überlegen Sie es sich gut, ob Sie dies durchhalten wollen und finanziell auch können.

▶ Hunde haben eine ziemlich positive Einstellung zum Sex. Ihre Hündin wird zweimal im Jahr hitzig, verliert in dieser Zeit Blut und ist meist sehr engagiert auf Gattensuche. Ihr Rüde ist praktisch das ganze Jahr über hitzig, weil fast immer irgendwo eine Hündin lockt. Und wenn seine verehrte Nachbarin ihre Tage hat, ist ihm nichts anderes wichtig, und manchmal macht er seinem Liebesleid lauthals Luft – vorzugsweise in der Nacht.

▶ Und last but not least: Die gesetzlichen und ordnungsrechtlichen Vorschriften werden immer unübersichtlicher und einschränkender. Man muss heute quasi seine Gesetzessammlung unter dem Arm tragen, wenn man von einem Bundesland in ein anderes reist. Die Stimmung gegen Hundebesitzer nimmt regelmäßig im Sommer zu, wenn die Presse in Ermangelung anderer Themen das bewährte Thema Hundebisse und Hundekot aufgreift. Spätestens dann fühlt jeder Spaziergänger sich berufen, Sie und Ihren Hund anzumachen. Da fühlt man sich als Hundehalter richtiggehend als Mitglied einer gesellschaftlich missachteten Randgruppe. Das gilt vor allem für die Städte, aber leider auch zunehmend für die Vororte.

Wenn Sie nicht bereit sind, all dies in Kauf zu nehmen, würde ein Hund für Sie zur dauernden Belastung. Dann wäre es für beide Teile besser, Sie würden auf einen Hund verzichten.

> **Ordnungsamt fragen**
>
> Im Zweifel Ordnungsamt fragen: Die Hunde-Verordnungen sind absolut unübersichtlich. Von Land zu Land und von Stadt zu Stadt kann es unterschiedliche Regelungen geben. Das bedeutet, dass in der einen Stadt zum Beispiel ein Herdenschutzhund ganz anders steuerlich oder von den Lebensbedingungen her gehalten werden kann als in einer anderen. Fragen Sie beim Ordnungsamt Ihrer Kommune besser vor der Anschaffung Ihres Hundes danach, welche Regeln in Ihrer Gemeinde gelten.

Das kann an den meisten Stellen ziemlich teuer werden – aber Sie verhalten sich ja vorbildlich und räumen auf!

Kein Hund, auch kein Rassehund gleicht dem anderen – lieben Sie also Ihren Hund, nicht sein Outfit.

▶ **Hundekauf ist Glückssache**
Auch wenn Sie einen Rassehund mit meterlangen Ahnentafeln erwerben: Für sein künftiges Wesen und seine Veranlagung wird kein Züchter eine Garantie übernehmen. Es ist zwar ein Ziel und auch ein Erfolg der Rassehundezucht, dass man sich ungefähr vorstellen kann, wie der Hund später aussehen wird, und auch in etwa, wie sein Wesen sein wird – aber Ausnahmen wird es immer geben. Es gibt aggressive Beagles und sanftmütige Terrier, es gibt rüdenhafte Hündinnen und Rüden, die ein eher weibliches Verhalten zeigen.

Sie können sich also nicht darauf verlassen, dass Ihr Welpe so wird, wie es im Standard seiner Rassebeschreibung steht. Jeder Hund ist anders, und das hat seinen vernünftigen natürlichen Sinn. Bei den wilden Vorfahren unserer Hunde wäre es nicht sonderlich nützlich gewesen, wenn alle Mitglieder eines Rudels gleich ausgestattet gewesen wären. Hätte es zum Beispiel nur Draufgänger gegeben, wären leicht Gefahren übersehen oder unnötige Risiken eingegangen worden. Für die vielfältigen Schwierigkeiten und die unterschiedlichen Aufgaben, die das Rudel bewältigen musste, waren eben unterschiedliche Begabungen und Fähigkeiten lebensnotwendig.

Diese Vielfalt der Anlagen hat wesentlich dazu beigetragen, dass die Art erhalten werden konnte. Vorsicht und Neugier, Mut und Angst, Geduld und Ungeduld, Aggressivität und Friedfertigkeit, Führungsanspruch und Folgebereitschaft, alles war notwendig und nur durch verschiedene Individuen in das Rudel einzubringen.

Jeder Wurf junger Hunde enthält

auch heute noch eine ganze Bandbreite verschiedener Persönlichkeiten. Jeder gute Züchter kennt seine einzelnen Pappenheimer, und er wird Ihnen helfen, den kleinen Burschen auszusuchen, der am besten zu Ihnen passt.

Sie können sich beim Hundekauf also durchaus an der Rasse oder bei Mischlingen am Typ orientieren, aber verlassen Sie sich nicht darauf. Hunde sind keine baugleichen Roboter, jeder ist anders. Stellen Sie sich also auf Ihren speziellen Hund ein, nicht auf eine Idealvorstellung von ihm.

▸ **Nicht einfach probieren, vorher studieren!**
Hundekauf im Vorübergehen ist meist der Anfang einer schwierigen und unerfreulichen Entwicklung. Kaufen Sie deshalb nie einen Hund spontan, machen Sie sich vorher kundig. Der Spruch »Probieren geht über Studieren« stimmt hier, wie in vielen anderen Fällen, eben nicht. Sprechen Sie mit Hundebesitzern und Züchtern, beschaffen Sie sich Bücher, und vergleichen Sie kritisch. Gehen Sie auch einmal in ein Tierheim, und lernen Sie die Geschichten der verlassenen Hunde kennen. Bereiten Sie sich auf ein gemeinsames Leben vor, das weit über zehn Jahre dauern kann. Dieses Buch will Ihnen auf dem Weg ein bisschen helfen, und es will bei Ihnen die Lust auf weitere Lektüre wecken. Die Beschäftigung mit Büchern über Hunde kann großen Spaß machen, und sie vertieft das Verstehen Ihres Hundes. Sie hilft Ihnen, den Zauber, der in der Beziehung von Mensch und Hund liegt, noch intensiver und bewusster zu erleben.

Wölfe sind wunderbare Lehrmeister für Hundehalter.

Dieses Buch ist kein Erziehungsbuch im üblichen Sinne, obwohl Sie viele Tipps zur Erziehung finden werden. Es versucht, Sie auf unterhaltsame Weise an wichtige Fragen des artgerechten Umgangs mit Hunden heranzuführen.

Folgen Sie mir also in die Anfangsgründe der Hundehaltung, und glauben Sie mir: Es ist erstens nicht schwer, die Grundsätze zu verstehen, und zweitens lohnt es sich, denn Ihr gemeinsames Leben dauert viele Jahre.

Es gäbe sehr viel zu schreiben und zu raten. Dieses Buch kann nur eine Einführung sein, will Ihnen Lust auf weiterführende Lektüre und Mut zu eigenem Nachdenken machen. Wenn Sie die hier beschriebenen Grundsätze anwenden, dürfte eigentlich nicht viel schief gehen. Ihr Welpe wird Sie als kompetenten Chef erleben und Ihnen gerne folgen. Die Leine, an die Sie ihn gewöhnen müssen, ist dann bald nur noch eine Äußerlichkeit.

Sie beide verbindet eine starke innere Leine, die getragen ist von gegenseitigem Verstehen, Zuneigung und unverbrüchlichem Zusammenhalt. Sie und Ihr kleiner Hund erleben zusammen noch einmal die wunderbare Geschichte, wie der Hund auf den Menschen und der Mensch auf den Hund kam.

Vorsicht vor Ihren eigenen Gefühlen – Mitleid ist ein schlechter Ratgeber bei der Auswahl von Hunden.

Passen Sie zu einem Hund?

Diese Fragen sind zwar scherzhaft formuliert, doch Sie sollten sie sich ernsthaft stellen:

☐ Sie freuen sich auf Ihren Hund und wollen alles lernen und wissen, was es über Hunde zu wissen gibt?

☐ Ihre Familie freut sich gemeinsam mit Ihnen auf den Hund und unterstützt Sie in allen (Hunde)Dingen?

☐ Sie wissen, dass bestimmte Ansprüche an eine gepflegte Wohnumgebung nur noch mit erhöhtem Aufwand befriedigt werden können?

☐ Ihr Mietvertrag gestattet Hundehaltung ausdrücklich?

☐ Wenn Ihre eitle Hündin sich eben mal kurz in frisch ausgebrachter Gülle »parfümiert« hat, bekommen Sie keinen Nervenzusammenbruch und nur mäßigen Brechreiz beim Säubern?

☐ Sie sind entschlossen, Ihrem Hund die Beschäftigung zu bieten, die seinem Typ und seinem Alter entspricht?

☐ Sie wollen Ihre Garderobe ohnehin um mehr sportive Stücke erweitern und freuen sich über freundschaftliche Tipps anderer Hundebesitzer über wasserdichte Jacken und Schuhe?

☐ Für Sie ist Ihr Auto praktisch eine fahrbare Hundehütte: Haare, Dreckspritzer, Hundekram aller Art auf dem Rücksitz machen Ihnen überhaupt nichts aus? Auch der Hundegeruch, der sich irgendwann im Auto festsetzt, stört Sie nicht?

☐ Sie gehen davon aus, dass Sie ein ganz ausgezeichneter Rudelchef für Ihren Hund sein werden: geduldig, überlegen, cool, konsequent und auf jeden Fall klüger als er?

☐ Sie wissen, dass Hunde sehr an Ihren Menschen hängen und planen Ihre künftigen Urlaube entsprechend?

☐ Auch ein Hund kostet Geld und nicht wenig. Sie können sich Tierarzt, Versicherung, Steuer, Futter, Spielzeug usw. wirklich leisten?

So lernt Ihr Hund

17	▶	Hunde lernen nach dem Lustprinzip		
27	▶	Beeindrucken statt bestrafen		
33	▶	Umgängliche Hunde brauchen Umgang		

▶ **Hunde lernen nach dem Lustprinzip**

Die wilden Vorfahren unserer Haushunde haben alle Voraussetzungen mitgebracht, die sie zum idealen Partner unserer Ahnen machten. Ihre Lebensweise hat nämlich einige Merkmale, die ganz ausgezeichnet zu uns Menschen passen. Ganz wichtig ist, dass Hunde oder Wölfe in Sozialverbänden oder Rudeln leben. So ein Rudel ähnelt in vielerlei Hinsicht dem menschlichen Zusammenleben: Da hat jeder seine Aufgabe, die wichtig für den Fortbestand des Vereins ist. Damit dies funktioniert, sind Begabungen, Interessen und Aufgaben verteilt. Jeder Wolf ist anders, und auch jeder Hund ist anders. Schließlich kann kein Rudel überleben, wenn es nur Chefs gibt, die zwar tolle Jäger sind, mutig und schlau, wenn aber auf der anderen Seite niemand da ist, der auf den Nachwuchs aufpasst und sich um dessen Ausbildung kümmert. Nur im Team, mit unterschiedlichen Fähigkeiten und verschiedenen Aufgaben, konnten die Wölfe überleben.

Damit diese verschiedenen Individuen gemeinsam etwas Vernünftiges erreichen, müssen sie eine Begabung zur Zusammenarbeit, zur Kooperation haben. Das bedeutet, man kann sich zwar untereinander streiten, darf sich aber nicht ernsthaft verletzen, sonst ist der ganze Clan in Gefahr. Das bedeutet weiter: Man muss sich untereinander verständigen, man muss kommunizieren, damit ein gemeinsames Ziel erreicht wird, und man braucht auch feste Regeln des Zusammenlebens. Allein diese Voraussetzungen sind auch heute noch für unser Zusammenleben mit Hunden nützlich: Hunde passen sich gerne in ein festes Rangordnungsgefüge ein, sie sind auf Zusammenarbeit angelegt. Sie können lernen, sich auch mit einer anderen Art zu verständigen, und empfinden eine tiefe Zuneigung zu ihren Rudelmitgliedern, also sowohl zu anderen Hunden als auch zu uns Menschen.

Die Vettern unserer Lieblinge zeigen uns, wie man miteinander auskommt.

Nur kluge Wölfe und funktionierende Gemeinschaften überleben.

INSTINKT UND LERNEN ▶ Eine weitere wichtige Grundlage für die Karriere der Wolfsabkömmlinge bei den Menschen liegt in einer anderen Voraussetzung, die sie mitbringen. Als Wolfsfamilie hatte man ein ziemlich anstrengendes Leben. Immer mal wieder musste man umziehen, weil die Nahrung knapp oder die Konkurrenz darum zu groß wurde. Da gab es dann ein anderes Gelände, andere Gefahren und oft auch andere Beutetiere.

Wenn Mutter Natur nun die Wölfe ausgestattet hätte wie z. B. die Vögel, wären sie wohl bald ausgestorben: Vögel, und nicht nur sie, haben einen großen Bereich, der von Instinkten gesteuert wird: wie man einen Artgenossen erkennt, was essbar ist und wer ein Feind ist. Dies ist praktisch, denn man braucht es dann nicht mühevoll zu lernen.

Bei Wölfen wäre eine reine Festlegung durch Instinkte schlecht, denn was essbar ist, ändert sich ständig. Auch das Outfit der Feinde wechselt, und wie man am besten jagt, entscheidet sich je nach Gelände, Beutetier und Qualifikation des Jagdverbandes.

Die Natur hat deshalb den Bereich instinktgesteuerten Verhaltens bei den Wölfen vergleichsweise klein gehalten. Das führte dazu, dass sich die Wölfe sehr flexibel an unterschiedliche Lebensbedingungen anpassen konnten. Wenn aber nur wenige Verhaltensweisen von Instinkten gelenkt werden, müssen alle anderen erlernt werden.

> **Gelernt ist gelernt: Soziale Kompetenz**
>
> Wölfe sind also Tiere mit einem ungeheuer großen Lernvermögen und vergleichsweise geringem festgelegtem Instinktverhalten. Dieses Lernvermögen, in Verbindung mit der Fähigkeit zur Zusammenarbeit, Kommunikation und Rudeltreue, machte Wölfe beziehungsweise Hunde zum quasi natürlichen Kumpan des Menschen.

Hunde lernen schnell, sie sind kooperativ, sie haben ein enormes Gedächtnis, sie spüren Stimmungen ihrer Partner, und sie sind ganz exzellente Beobachter. Das ist die Voraussetzung, die Chance und die Bedingung jeglichen Zusammenlebens mit unseren vierbeinigen Freunden.

All das macht den besonderen Zauber des Zusammenlebens mit Hunden aus. Es ermöglicht, dass zwei Arten, Hund und Mensch, zu einer Verbindung gelangen können, wie das sonst nirgendwo möglich ist. Das macht aber auch eine Gefahr aus, denn es verführt viele Menschen dazu, ihre Hunde wie andere Menschen zu behandeln, und das sind sie natürlich nicht. Viel Hundeleid und Menschenleid entsteht aus diesem Missverständnis.

WIE »DENKEN« HUNDE? ▶ Eine Quelle dieser Missverständnisse ist zum Beispiel die Annahme, Hunde würden so denken wie wir. Das tun sie selbstverständlich nicht. Unser Waldi denkt nicht in unserem Sinne, er macht sich keine Gedanken. Er sammelt Erfahrungen und wertet sie nach dem schlichten Raster aus: Tut mir gut – tut mir nicht gut. Danach werden sie dann in seinem phantastischen Gedächtnis abgelegt und bei Bedarf aktualisiert.

> **TIPP**
>
> *Das Lustprinzip ordnet also Waldis Welt, und zu seiner Befriedigung kann er eine Menge lernen.*

Wie das vor sich geht? Nun, die Hundeleute nennen das »verknüpfen«. Ein Beispiel: Sie wollen Waldi lehren, was der Begriff »Sitz« heißt. Sie könnten jetzt versuchen, diese Übung vorzuführen und Waldi zur Nachahmung aufzufordern. Ihr Waldi ist nicht doof, wenn er nach dieser Methode nichts lernt. Auch längere Erklärungen werden nicht fruchten.

Waldi versteht »Sitz« erst dann, wenn er sitzt und Sie dann diese Tätigkeit mit dem zugehörigen Begriff »verknüpfen«. Also bringen Sie Ihren Waldi dazu, dass er sich hinsetzt, und loben Sie ihn dann mit einem bewundernd ausgesprochenen »Sitz, so ist es brav, Sitz, schön Sitz«, oder was Ihnen halt sonst noch Tiefsinniges einfällt. Wenn Sie das mehrmals, je nach Auffassungsgabe Ihres Waldis, wiederholt haben, wird er die Tätigkeit mit dem Wort sicher verbunden haben. Dann, aber erst dann, können Sie das Wort als Hörzeichen oder Aufforderung verwenden.

Ein anderes Beispiel: Wenn Sie Ihrem Hund beibringen wollen, dass er auf »Hier« zu Ihnen kommt, dann locken Sie ihn zu sich, indem Sie in die Hocke gehen und die Arme breit machen oder indem Sie in die entgegengesetzte Richtung laufen. Wenn er dann freudig auf Sie zustürzt, rufen Sie ebenso freudig und begeistert: »Hier, so ist es brav, hier, hier.« Waldi »denkt«, »Wenn ich auf Frauchen zulaufe, heißt das Hier.«

VERKNÜPFEN UND LOBEN ▶ Das richtige Verknüpfen ist die hohe Kunst jeder Hundeerziehung. Denken Sie wie Ihr Waldi, und es ist gar nicht so sonderlich schwer. Drehen wir das eben genannte Beispiel um, dann wird es deutlich: Würden Sie nämlich Ihrem Ausreißer, der noch keine Hörzeichen kennt, hinterherrennen und dabei laut »Hier, hierher, hier« rufen, fände bei Waldi folgender Lernprozess statt: »Ich laufe weg, Frauchen rennt ›Hier‹ schreiend hinterher: ›Hier‹ ist also ein Hetzruf. Lauf voraus, ich spring' dir nach! Am besten lege ich noch einen Zahn zu, das macht uns beiden sicher Spaß!« So entstehen also falsche Verknüpfungen, Missverständnisse und manchmal auch große Schwierigkeiten.

Damit er Sie versteht, müssen Sie verstehen wie er lernt.

> **Das Lustprinzip**
>
> Richtiges Verknüpfen muss immer von Loben oder der Herstellung von Wohlbehagen begleitet werden. Alles, was Ihr Hund, vor allem Ihr Welpe, richtig macht, muss ausführlich gelobt werden. Waldi verknüpft dann nicht nur eine erwünschte Handlung mit einem Begriff, sondern auch mit Wohlbehagen, an das er sich gerne erinnert.

Überhaupt das Loben – es kommt bei der Hundeerziehung meist genauso zu kurz wie bei der Menschenerziehung. Dabei gilt für Hund und Mensch, dass positive Verstärkung durch Lob und Anerkennung entschieden wirksamer ist als Strafe. Für Hunde jedenfalls gilt das ohne Einschränkung.

Richtiges Loben ist aber gar nicht so einfach, wie Sie vielleicht denken. Es ist nicht nur so, dass wir meist viel zu wenig loben. Häufig loben wir auch zum falschen Zeitpunkt, oder unser Lob kommt falsch an. Ein Beispiel: Waldi

Zwei Arten, die sich wunderbar verständigen können – versuchen Sie es!

soll lernen, dass er auf die Anweisung »Platz« so lange liegen bleibt, bis Sie ihm das Aufstehen durch ein anderes Wort, wie z. B. »Hier«, erlauben. Wenn Sie nun gleich in begeisterten Jubel ausbrechen, wenn Waldi sich gerade niedergelassen hat, dürfen Sie sich nicht wundern, wenn er sofort wieder aufsteht und freudig zu Ihnen eilt. Das ist der falsche Zeitpunkt zum Loben: Lobende Worte sollen Hunde immer zu uns locken, und das funktioniert auch meistens – also kein Wunder, dass Waldi gleich kommt. Gelobt wird deshalb erst, nachdem Waldi brav am Platz blieb und nach dem »Hier« zu uns kam.

Der richtige Wechsel zwischen lobendem und strengem Tonfall ist ebenso wirkungsvoll wie schwierig zu praktizieren. Wenn Sie Ihrem Rex zum Beispiel das Herkommen beibringen wollen und er Ihrer Aufforderung nur zögernd folgt, müssen Sie ein ständiges Wechselbad zwischen strengen, tiefen Tönen und hohen, freudigen über ihn ergießen, je nachdem, ob er sich auf Sie zu oder von Ihnen weg bewegt. Und wenn er dann endlich bei Ihnen ist, müssen Sie vor Begeisterung fast zusammenbrechen. Viele Menschen sind dann nur froh, dass ihr Hund endlich da ist, nehmen ihn ohne weiteres Wort an die Leine, und dann geht es ab nach Hause. Auch dabei werden die Bedeutung des Lobs und die Art, wie Hunde lernen, missachtet. Das Loben vergessen bedeutet hier: Rex empfindet beim Herankommen kein Wohlbehagen und wird beim nächsten Mal keine große Eile haben, zu Ihnen zu kommen. Das sofortige Anleinen hat darüber hinaus auch noch den Effekt, dass Rex kombiniert: »Wenn ich zu Herrchen komme, geht's ab nach Hause.«

> ### Timing ist alles
>
> Das rechte-Lob-zur-rechten-Zeit-Timing ist alles:
> Sie haben nur wenige Sekunden, dann muss die Bestätigung kommen, sonst kann Ihr Hund die Tat nicht mit dem Lob verknüpfen. Also beim positiven Verstärken in der Hundeerziehung und natürlich auch beim Korrigieren ist Timing wirklich alles.

Loben Sie Ihren Hund ausführlich und überschwänglich, aber nur zum richtigen Zeitpunkt, sonst erreichen Sie das Gegenteil. Noch ein Beispiel: Sie wollen Ihrem Rambo das manierliche Gehen bei Fuß lehren. Vielleicht tun Sie das – wie viele andere auch –, indem Sie in lobendem Tonfall sagen: »Schön Fuß, Rambolein.« Wenn Rambo Sie daraufhin fröhlich weiter hinter sich herschleppt, ist das nur natürlich. Lobende Worte dürfen Sie nur dann aussprechen, wenn Rambo seine Sache richtig macht! Nur dann also, wenn er gerade mal perfekt bei Fuß geht. Dann aber müssen Sie sofort und kräftig loben. Zieht er wieder, wird Ihr freudiger Tonfall sofort abgebrochen, und Sie wirken so auf den Hund ein, dass er wieder korrekt geht.

DIE STUBENREINHEIT ▶ Ein abschließendes Beispiel für den richtigen Einsatz des Lobs ist das leidige Thema des »Stubenrein-Machens«. Unzähligen Welpen wurde und wird dabei Fürchterliches angetan. Viele hoffnungsvolle Beziehungen zwischen Mensch und Hund bekommen dabei ihren ersten schwerwiegenden Knacks. Strafen jeglicher Art sind in diesem Hundeschulfach unnötig, nicht artgerecht und schädlich für die Achtung, die der Welpe vor Ihnen entwickeln soll.

Die meisten Missgeschicke passieren ausschließlich deshalb, weil wir Menschen nicht auf unseren Welpen geachtet haben. Also behalten Sie Ihren Welpen im Auge, ganz besonders, wenn er eines seiner vielen Schläfchen beendet hat, und ca. 20 Minuten nach

STUBENREINHEIT 23

Sicht- und Hörzeichen helfen dem Hund.

jeder Mahlzeit. Seine Unruhe zeigt Ihnen zuverlässig an, dass er sich lösen möchte. Gehen Sie mit ihm raus, und loben Sie ihn ausführlich. Zeigen Sie deutlich Ihre Begeisterung über seine Meisterleistung. Das stellt eine behagliche, lustbetonte Situation her. Verknüpfen Sie diese Tätigkeit mit einem Codewort Ihrer Wahl – die Dialekte unseres Landes bieten da viele reizvolle Worte – und Ihr Hund löst sich später sogar auf dieses Codewort hin, wenn er denn muss. Meine fünfjährige Nessy kommt heute noch begeistert auf mich zugelaufen, wenn sie ihr großes Geschäft gemacht hat, und erwartet mein Lob.

Wenn Ihr Welpe sich einmal in der Wohnung »vergisst«, räumen Sie die Bescherung weg, ohne große Worte. Ihr Welpe wird schnell merken, wo er

Viel Geschrei wird um das Schulfach »Stubenrein« gemacht – dabei ist es eine äußerst einfache Angelegenheit ...

▶ Das erste halbe Jahr

Im ersten halben Jahr braucht Ihr Welpe Sie ständig:
Auch wenn sich das übertrieben anhört – im ersten halben Jahr Ihres gemeinsamen Lebens braucht der Welpe und Junghund Ihre Präsenz. Mehrstündige Abwesenheiten gehen auf Kosten seiner Belastbarkeit und seiner problemlosen Erziehung. Wenn Sie das nicht einrichten können – überlegen Sie sich die Anschaffung eines Welpen noch mal gründlich.

Wenn der Chef ruft, gibt es einfach nix anderes als schnell zu gucken, was er will.

sich lustvoll lösen kann, und lieber solche Orte aufsuchen. Vergessen Sie all diese scheußlichen Tipps angeblicher Hundekenner, wie man einen Welpen stubenrein bekommt. Achten Sie auf Ihren kleinen Hund, machen Sie eine lustbetonte Sache daraus, und die ganze Angelegenheit ist schnell erledigt.

Viele schwören darauf, das Lob auch noch durch die Gabe eines Leckerchens zu verstärken und so die Lernbereitschaft noch zu erhöhen. In der Ausbildung empfiehlt sich das meist ständig, praktizieren sollten Sie das aber nicht. Erstens sind das zusätzliche Kalorien, und zweitens sollten Sie nicht riskieren, dass Ihr Waldi nur gegen »Bezahlung« gehorcht. Lassen Sie Waldi also im Ungewissen, ob seine Glanzleistung diesmal materiell honoriert wird oder ob er mit einer sprachlichen Anerkennung auskommen muss. Es ist dann wie beim Lotto – mal klappt's, oft klappt es nicht. Jedenfalls ist es artgerechter, gewaltfrei und lustbetont, wenn man mit Leckerchen arbeitet. Alle professionellen modernen Hundetrainer tun das. Auch das Spielzeug ist bei spielverrückten Hunden ein gutes Mittel, das alternativ zum Leckerle eingesetzt werden kann.

Auch wenn Sie manchmal von anderen Spaziergängern etwas verwundert angesehen werden – der Ton macht die Musik im Umgang mit unseren Hunden. Sie machen es Ihrem Rambo ganz unnötig schwer, wenn Sie immer in gleich bleibendem Tonfall mit ihm reden. Sprechen Sie mit hoher einschmeichelnder Stimme, wenn Sie ihn loben, in mittlerer Tonlage, wenn Sie sich mit ihm »unterhalten«, und in tiefer, wenn Sie eine Anweisung geben oder mit Rambo nicht zufrieden sind.

Ihr Hund wird sehr viel leichter lenkbar, Sie brauchen nicht zu brüllen, wenn Sie sich verständlich machen wollen, und er lernt auch neue Aufgaben entschieden schneller. Sie brauchen sich dabei überhaupt nicht zu genieren, alle guten professionellen Hundetrainer arbeiten so, und jeder engagierte Hundefreund macht es genauso.

SPIELEND LERNEN ▶ Auch Wölfe und wilde Hunde müssen eine Ausbildung durchlaufen. Ihre Eltern machen das vorwiegend im Spiel – von ihnen können wir eine Menge für die Erziehung unserer Hunde abkupfern. Im Spiel kann man lernen, auf seinen Menschen zu achten. Tut man es nicht, macht das Spiel nämlich keinen Spaß. Im Spiel lernt man, dass der Boss über unglaubliche Fähigkeiten verfügt und dass er immer gewinnt. Ein Antasten der Rangordnung ist deshalb nicht zu empfehlen. Im Spiel lernt man, dass der Boss entscheidet, wann ein Spiel zu Ende ist. Im Spiel lernt man als Hundestift auch viele Regeln, die das Zusammenleben künftig prägen.

Nutzen Sie bei Ihrem Welpen und auch bei Ihrem erwachsenen Hund die hohe pädagogische Qualität des Spielens. Stellen Sie Regeln auf, formulieren Sie Aufgaben, und machen Sie immer wieder spielerisch Ihren Rang deutlich – Sie und Waldi werden dann ein prächtiges »eingespieltes« Team.

Außerdem hat das gemeinsame Spielen noch einen weiteren unschätzbaren Vorteil: Es macht Ihren Hund klug! Es gibt zwar schon ausgemacht dumme Hunde, angeboren ist das aber in den seltensten Fällen. Ursache ist entweder eine unqualifizierte Aufzucht, bei der die Welpen von so genannten »Züchtern« in reizlosen Zwingern gehalten werden, ohne Lernanlässe und ohne Herausforderungen. Ursache

So wird der Chef spielend der Größte.

> ### Gehirnjogging
>
> Spaziergang zum Gehirnjogging nutzen:
> Viele machen das so, aber sonderlich hundegerecht ist das nicht: Man geht Gassi und jeder geht seiner Wege. Der Mensch plant die nächsten Stunden und der Hund? Na ja, der tut dann eben, was ihm Spaß bringt. Keiner sollte dann darüber klagen, dass sein Hund nicht »hört«. Machen Sie Ihre gemeinsamen Spaziergänge zu Spielparcours. Stellen Sie Ihrem Freund immer wieder neue Aufgaben, die er lösen muss, und Sie schlagen zwei Fliegen mit einer Klappe: Sie lasten seinen Grips aus und er braucht ihn nicht auf andere Gegenstände zu richten und zweitens sind Sie das Spannendste auf der Welt. Er wird deshalb stets hoch motiviert zu Ihnen kommen.

kann aber auch der Hundehalter sein, der seinen Hund nur füttert und ausführt – klar, dass dabei auch der klügste Hund verblödet. Also fordern Sie Ihren Hund in Ausbildung und Spiel, und er wird sein Bestes zeigen.

Hunde lernen nach dem Lustprinzip, also machen Sie Ihre Übungen nicht stundenlang. Selbst wenn Sie ganz toll loben – Ihr Hund kann sich nicht stundenlang konzentrieren.

▶ **TIPP**
Üben Sie lieber häufiger und dafür kürzer mit Ihrem Hund.

Wenn Ihr Hund etwas richtig macht, sollten Sie es ohnehin nicht ständig wiederholen. Sonst meint er noch, dass da irgendwo ein Fehler steckt, und macht dann tatsächlich neue. Geben Sie sich aber auch nicht damit zufrieden, wenn eine Übung halbwegs sitzt. Alle Hörzeichen müssen immer wieder geübt werden, sonst wird ihre Ausführung schlampig, und außerdem sind solche gemeinsamen Übungen eine gute Gelegenheit, Ihre Teamfähigkeit zu trainieren.

▶ **Info**

Er hat sich so daran gewöhnt: Glauben Sie nur nicht, einmal gelernt sitzt fürs Leben. Kann schon sein, dass Ihr Hund ein Hörzeichen, das er nur einmal im Monat hört, befolgt. Besser ist es und erfolgreicher, wenn er das Gehorchen einfach ständig übt, dann hat er sich so daran gewöhnt, dass er gar nicht mehr auf die Idee kommt, etwas anderes zu tun, als das, was er eben immer tut, wenn er eben dieses Wort hört.

FALSCHE VERKNÜPFUNGEN LÖSEN

▶ Bedenken Sie bei aller Erziehung und Ausbildung aber: Verlernen ist entschieden schwerer als Erlernen. Jeder Psychiater und jeder Eheberater kann davon ein Lied singen – Hundeausbilder auch. Gleichgültigkeit gegenüber der hündischen Art des Lernens führt oft dazu, dass man seinem Hund etwas »beibringt«, was man keinesfalls beabsichtigt hat.

Der amerikanische Hundepsychologe TORTURA hat dafür ein sehr einprägsames Beispiel aus seiner Praxis geschildert: Eine Zwergpudelhündin terrorisierte ihre wohlwollenden Besitzer schier unerträglich. Ständig wollte sie im Mittelpunkt des familiären Geschehens stehen – bei Tisch, wenn Gäste da waren, beim Fernsehen, bei Gesprächen. War sie es nicht, sorgte sie durch Ge-

Wenn Ihr Hund Sie stets im Blick hat, ist das schon die halbe Miete.

brüll, Gewimmer, Erbrechen, Beißen oder Zerstörungswut dafür, dass der erwünschte Zustand schnell wiederhergestellt wurde. Das Zusammenleben schien nicht mehr möglich.

Sie wissen ja inzwischen, was da passiert ist: Eine Verknüpfung, ein Lernprozess hat stattgefunden, mit folgendem Inhalt: »Wenn ich Terror mache, kümmern die sich wieder um mich.« Eine unerwünschte Verknüpfung, aber deshalb nicht weniger fest verankert.

TIPP
Vergessen Sie deshalb nicht: Hunde lernen schnell – auch Unarten –, und Verlernen ist ein entschieden schmerzhafterer Prozess als Lernen.

In solchen Fällen hilft dann nur ein knallhartes Gegenprogramm, »Dekonditionieren« nennen das die Psychologen. Die Besitzer mussten buchstäblich jeden Versuch der Hündin, auf sich aufmerksam zu machen, ignorieren. Beißen, Urinieren, Erbrechen, Bellen usw. wurden nicht wahrgenommen. Verhielt sich die Hündin dagegen ruhig und gesittet, wurde sie gelobt. Ein hartes und unangenehmes Schulungsprogramm für alle Beteiligten.

Lustvolles Spiel und Lerneinheit in Sachen Sozialverhalten

▶ **Beeindrucken statt bestrafen**
Man kann Hunde schlagen oder auf andere Weise »bestrafen« – viele Leute tun das. Sie handeln damit wie schlechte Lehrer oder unfähige Vorgesetzte. Was bei Menschen kaum funktioniert, klappt bei Hunden schon gar nicht. Chef wird in einem Hunderudel nur der, der die anderen aufgrund seiner überlegenen Fähigkeiten überzeugt, und das bedeutet nicht körperliche Stärke oder gar Gewalttätigkeit. Hunde wollen Chefs mit Köpfchen. Wenn Sie Ihren Hund zusammenprügeln oder anders strafen, entwickelt er Angst vor Ihnen. Er gehorcht Ihnen vielleicht sogar, aber Sie

Hundeidylle? Ja, falls sein Mensch nahe bei ist.

achten und Ihnen freudig zu Willen sein, das wird er niemals mehr.

Dabei ist Hundeerziehung eigentlich ganz einfach, wenn Sie Ihre überlegenen menschlichen Fähigkeiten einsetzen: logisches Denken, Phantasie und Einfühlsamkeit. Sie imponieren Ihrem Hund ohnehin schon durch vieles, das Ihnen vielleicht gar nicht klar ist. Einige Beispiele: Ihr Hasso ist immer wieder von Ihrem schier unglaublichen Spürsinn fasziniert, wenn Sie zielstrebig zum »Goldenen Ochsen« gehen und Vati rausholen –, ihm wäre es völlig unmöglich, ohne deutliche Fährte sein Herrchen zu finden. Obwohl Hasso niemals mitkriegt, wie es im Einzelnen passiert – Sie sind eine erfolgreiche Jägerin, denn sein Fressnapf ist stets gefüllt. An Ihrer Seite hat er als Welpe gelernt, die Schrecknisse unserer verkehrsreichen Umwelt zu bewältigen –, Sie sind ganz einfach ein

▶ Im Prinzip ...

☐ Im Prinzip ist das Ziel jeder Erziehung Ihres Hundes, dass Sie beide ein gutes **Team** werden. Ein Team, in dem sich jeder auf den anderen verlassen kann, so wie sich das eben gehört.

☐ Im Prinzip sollte es für Ihren Hund **nichts Wichtigeres** geben als Sie, seinen Leithund und Lieblingsmenschen.

☐ Im Prinzip können Sie sich, falls Ihr Hund mal abgelenkt sein sollte, stets für ihn so **interessant machen**, dass er alles stehen und liegen lässt, um zu Ihnen zu kommen.

☐ Im Prinzip ist jegliche Lernarbeit **Beziehungsarbeit**. Dabei ist es egal, ob Ihr Schulfach »Sitz« heißt oder etwas weniger lebenspraktisch »Gib Küsschen!«. Sind Sie ein guter Lehrer, wird Ihre Beziehung zueinander vertieft und gefestigt. Sind Sie schlecht, verlieren Sie die Anerkennung und die Zuneigung Ihres Hundes.

RESPEKT VERSCHAFFEN

> ### ▶ Gehirn statt Ketten
>
> Ich gehe davon aus, dass die meisten Menschen ihre Hunde lieben. Ich verstehe nicht, wie gedankenlos und bedenkenlos sie diese trotzdem quälen. Da werden Ketten aus Edelstahl den Hunden um den Hals gelegt. Egal, was diese an der Halswirbelsäule und dem Haarkleid anrichten und gleichgültig gegenüber der Unfallgefahr, die von ihnen ausgeht. Lernen soll der Hund offenbar über Schmerzen und wenn es der »einfache« Würger nicht tut, kauft man das brutale Stachelhalsband. Wenn der Hund immer noch zieht, bekommt er ein Geschirr, das den verschleiernden Namen »Gentle Dog« trägt und ihn äußerst schmerzhaft in die Achselhöhle schneidet.
> Ich finde, wenn man nicht in der Lage ist, sich seinem Hund so verständlich zu machen, dass man mit Leder- oder Stoffhalsband oder normalem Brustgeschirr auskommt, sollte man keinen Hund halten. Setzen Sie Ihr Gehirn im Hundetraining ein. Wer Ketten braucht, braucht keinen Hund.

absoluter Superhund, der Größte in seinem Leben. Sorgen Sie mit Ihrer Phantasie dafür, dass es ein gemeinsames Leben lang so bleibt, und Sie werden kaum Probleme mit Ihrem Hund haben.

RICHTIG RESPEKT VERSCHAFFEN ▶
Diesen Respekt können Sie durch Schlagen oder Strafen leicht verscherzen, weil Sie dadurch nämlich für Hasso einen eindeutigen Mangel an Führungsqualitäten beweisen. Deshalb

Jeder kluge Hund will einen »Superhund« als Chef.

Perfekt neutral gegenüber der Katze oder ist sie Mitglied der Familie?

sorgen Sie dafür, dass »Strafen« nie von Ihnen kommen, sondern quasi von der Umwelt oder vom lieben Gott. Jeder Hundehalter weiß das: Man kann seinem Schätzchen hundertmal verbieten, in Nachbars Garten auf Katzenjagd zu gehen – vergebliche Liebesmüh. Wenn aber bei dieser lustigen Unternehmung einmal ein Gartensessel mit Getöse umfällt und den Hasso arg erschreckt, wird er das Gelände meiden. Nutzen Sie Ihre überlegene Intelligenz, und arrangieren Sie bei Ihrem Auszubildenden solche Situationen. Ihrer Phantasie sind keine Grenzen gesetzt.

Die Kekse auf dem Couchtisch waren zum Beispiel für meine kleine Andra doch sehr verlockend. Alle Versuche, das Verbot deutlich zu machen, sind schließlich gescheitert, als ich ans Telefon musste und meine halbstarke Hündin gelernt hatte: Verbote gelten nur so lange, wie Frauchen in der Nähe ist – ist sie in einem anderen Zimmer, kann man sich gut die Kekse einverleiben. Geholfen hat wieder so ein raffinierter Trick: Ich habe eine Dose mit Schrauben gefüllt, so dass es klappert, einen langen Bindfaden daran befestigt, die Dose auf dem Couchtisch platziert und dann mit dem Ende des Bindfadens scheinheilig das Zimmer mit Keksen und Andra verlassen. Andra kontrollierte ebenso scheinheilig meinen Abzug. Bei ihrem ersten Versuch, meine Abwesenheit zu finsteren Zwecken zu nutzen, riss ich am Faden, und die Dose fiel mit viel Getöse zu Boden. Andra interessiert sich seither nur mehr mäßig für die Kekse. Sie hat sich jedenfalls nie mehr selbst vom Couchtisch bedient.

Meine Nessy wäre von dieser Aktion völlig unbeeindruckt gewesen, während ein Strahl aus einer Wasserpistole sie nachhaltig von der Schändlichkeit ihres Tuns überzeugt hätte. So findet man mit etwas Phantasie für jeden Hund die passende »Erziehungshilfe«.

RICHTIG BEEINDRUCKEN

WIE BEEINDRUCKT MAN SEINEN HUND? ▶ Bevor Sie nun aber anfangen, Dosen zu präparieren, denken Sie daran: Jeder Hund ist anders. Ihr Charly ist vielleicht ein ganz hartgesottener Bursche, neben dem eine Tretmine explodieren kann, ohne dass er von seinem Schnitzel ablässt. Dann bringt jedes Hilfsmittel, das Lärm erzeugt, nichts. Aber vielleicht mag er bestimmte Töne nicht, oder eine Wasserpistole ist das Richtige für ihn oder ein ungefährliches Wurfgeschoss – denken Sie nach!

Finden Sie heraus, was Ihren Hund beeindruckt, sorgen Sie dafür, dass er in eine verfängliche Situation gerät und nicht bemerkt, dass Sie es sind, der ihn »bestraft«, und achten Sie natürlich darauf, dass er sich nicht verletzen kann – dann haben Sie alles für eine wirksame und artgerechte Lernsituation getan. Gebrannte Kinder scheuen das Feuer, das Sprichwort gilt ganz besonders für unsere vierbeinigen Freunde. So lernen sie in freier Natur, und so können wir sie all das lehren, was sie nicht tun oder was sie meiden sollen.

Es gibt aber natürlich auch Situationen, bei denen Ihr kleiner Schlingel merken soll, dass Sie mit seinen Taten nicht einverstanden sind. So ein Fall ist zum Beispiel gegeben, wenn er Sie, trotz wiederholter Unmutsäußerungen Ihrerseits, unentwegt als Kauknochen missbraucht. Wie man einen Hund korrigiert, hängt vom Hund ab. Meine Nessy ist schon tief beeindruckt, wenn ich mit einem missmutig gesprochenen »Nein« meine Ablehnung der

Hunde lieben Zerrspiele – lassen Sie diese aber nicht zur Machtprobe werden.

Wer den Leinenruck einsetzt, ist von gestern!

Handlung kund tue. Bei anderen muss man schärfer formulieren. Wieder andere zeigen sich nachhaltig von einem wütenden Anstarren beeindruckt. Und manchmal muss man körperlich korrigieren. Das heißt aber nicht schlagen. Schlagen kann ein Hund nicht verstehen, es macht Angst und Angst ist kein guter Lehrmeister. Körperliche Korrektur kann heißen, dass Sie den Sünder vom Ort der Tat wegziehen oder ihm auch mal durch den Schnauzengriff deutlich machen, wer hier das Sagen hat. Strafe versteht kein Tier.

Test für Hundetrainer: Leinenruck oder nicht?

Wenn Sie einen Hundeplatz suchen und nicht wissen, woran Sie erkennen, ob dieser auf dem Stand der modernen Kynologie ist, dann achten Sie mal darauf, wie man dort einen Hund »korrigiert«. Wird der Hund zum Beispiel beim Leinentraining mit einem Ruck wieder an die Seite seines Menschen gerissen, wenn er sich zu weit von seinem Partner entfernt, vergessen Sie den Hundeplatz.
Wer heute noch diese gewalttätige, halswirbelschädliche Ausbildungsmethode einsetzt, gehört gemieden wie die Pest – beide sind Teile des Mittelalters. Meiden Sie den Platz, denn dort arbeiten Leute nach Methoden, die seit vielen Jahren überholt sind. Solche Leute, die sich nicht im Interesse des Hundes ständig weiterbilden, sollte man durch Nichtteilnahme austrocknen.

Mit »Beleidigt sein« kann kein Hund etwas anfangen. Also schauen Sie, wie Sie Ihren Hund am besten korrigieren. Darüber hinaus wissen Sie ja jetzt, dass beeindrucken statt bestrafen gilt – entwickeln Sie Ihr eigenes Lehrprogramm; Sie und Ihr Hund werden dadurch glücklicher.

> **Wo liegt der Fehler?**
>
> Im Zweifel suchen Sie den Fehler immer bei sich selbst:
> Wenn Ihr Hund etwas nicht richtig macht, wenn er ein Hörzeichen nicht zuverlässig befolgt oder Dinge tut, die Sie ihm abtrainiert haben, dann sollten Sie sich nicht fragen, wie Sie ihn am besten »strafen«. Die richtige Frage müssen Sie an sich selbst stellen. Sie lautet: Was habe ich falsch gemacht, wenn mein Hund mich nicht richtig versteht?

▶ **Umgängliche Hunde brauchen Umgang**

Es ist immer wieder die gleiche Szene: Bessie fängt an, wie eine Wölfin zu heulen, Charly knurrt aus tiefer Brust und wendet gleichzeitig voll Abscheu seinen Kopf zur Seite, Andra legt sich in Lauerstellung auf den Boden, bereit, schnell anzugreifen oder auch schnell zu fliehen. Den dreien nähert sich kein Monster, wie Sie jetzt vielleicht annehmen. Es ist nur ein anderer Hund, eine große Bernhardinerhündin, geführt von zwei älteren, netten Leuten. Sie haben sie an der Leine und am Stachelhalsband, damit sie mit der Hündin Susi klarkommen. Sie mögen ihre Susi, aber im Verein hat man ihnen gesagt, so einen schweren Hund führt man mit Stachelhalsband einfach leichter.

Als die Susi klein war, durfte sie nicht mit anderen Hunden spielen, schließlich sollte ihr ja nichts passieren. Als sie erwachsen war, ging sie recht ungehobelt mit den anderen um, viele reagierten aggressiv auf die Susi. Und gehorchen tut sie ohnehin nicht, deshalb soll sie möglichst gar nicht von der Leine. Inzwischen entwickeln alle Hunde, je nach Temperament, entweder Angst oder Aggression, wenn sie Susi sehen – sie kann keinen normalen Hundekontakt haben.

Wenn ich meinen Nachbarn mit seinem Zwergpudel Trixi sehe, versuche ich, möglichst schnell auszuweichen. Meine Hündin schüttelt es richtiggehend. Ich kann sie kaum bändigen, wenn wir uns sehen. Trixi stellt sich nämlich schnell zwischen Herrchens Beine und kläfft drohend aus dieser Position. Wenn der andere Hund dann näher kommt, wird er von Herrchen

Unersetzlich für die gesunde Hundeseele: das Spiel mit Artgenossen

Auch das muss man lernen: Respekt vor den Älteren.

entweder mit Tritten oder Schlägen verscheucht, oder aber Trixi wird auf seinem Arm in Sicherheit gebracht, was ihr aggressives Verhalten nur noch verstärkt. Herrchen schimpft dann auch noch kräftig mit dem verzweifelten Hundebesitzer, der versucht, seinen empörten Vierbeiner von diesem reizenden Pärchen abzubringen.

Unser Bauer hat eine Schäferhündin als Hofhund an der so genannten Laufleine. Weil er keine Zeit hatte und weil die Goda nicht von selbst gehorchte, hat er sie einem Ausbilder vom Schäferhundverein zum »Dressieren« überlassen. Seit Goda wieder an ihrem Arbeitsplatz ist, ist sie extrem aggressiv. Wenn sie mit zur Feldarbeit darf, ohne Leine, warnen sich die Hundebesitzer gegenseitig, denn Goda greift inzwischen fast jeden Hund ernsthaft an und hat schon mehrere verletzt. Auch die Menschen sind vor ihr nicht mehr sicher.

»ASOZIALE« HUNDE ▶ Susi, Goda und Trixi – jeder kennt solche Hunde. Was haben sie gemeinsam? Allen wurde auf verschiedene Weise verwehrt, einen normalen artgemäßen Sozialkontakt zu anderen Hunden aufzunehmen. Susi, weil ihre Besitzer unsicher waren und ihrem eigenen und anderen Hunden nicht trauten. Die Trixi, weil ihr Herrchen andere Hunde nicht mag oder sie wie zudringliche Menschen (kinder) behandelt. Trixi ist inzwischen eine Giftnudel: »Mein Chef und ich gegen den Rest der Welt«, ohne jegliche arttypische Umgangsformen. Goda schließlich hat als Kettenhund ohnehin kaum Kontakt zu Hunden (und Menschen) und hat in ihrer Schutzhundausbildung dazu noch gelernt, dass aggressives Verhalten belohnt wird und dass sie »gewinnen« kann, wenn sie angreift.

Solche Hunde sind Problemhunde, entweder weil sie selbst angreifen oder weil sie bei anderen Hunden Aggressionen auslösen. Auch wenn uns das nicht gefällt: Aggressives Verhalten von Hunden untereinander ist durchaus in Ordnung und artgemäß. Hündinnen verteidigen ihr Haus ganz massiv, denn hier soll möglicherweise ihr Wurf aufgezogen werden. Da hört dann oft auch jede Freundschaft an der Haustür auf. Rüden verteidigen ihr Sexualrevier gegen die Konkurrenz. Auch beim Fressen kennen die meisten Hunde keine Freunde mehr.

Aggressivität im Zusammenhang mit Revier, Fortpflanzung und Ernährung ist also durchaus normal. Meistens bleiben diese aggressiven Akte aber weitgehend folgenlos, weil die beteiligten Parteien vieles schon im Vorfeld klären, einen Schaukampf durchführen oder der Unterlegene schnell sein Aufgeben signalisiert. Aggressives Verhalten zwischen Hunden unterliegt klaren Regeln. Wenn sie eingehalten werden, geht es meist glimpflich ab. Was für das aggressive Verhalten gesagt wurde, gilt auch für alle anderen Verhaltensbereiche: Ein Hund muss die Regeln kennen und sich entsprechend benehmen.

HUNDE LERNEN IHRE »SPRACHE« ▶

Diese Regeln und die dazugehörenden Zeichen und Signale sind mit einer Sprache vergleichbar. Sie sind die Verständigungsmittel zwischen Hunden. Diese Verständigungsmittel sind in ihrer Mehrzahl jedoch nicht angeboren, sondern müssen erlernt werden. Ein Welpe weiß zwar, wie man sich unterwirft, aber nicht unbedingt wann. Ein Hund muss auch erst das Mienenspiel anderer deuten lernen. Im Welpenspiel lernen die Jungen, wie man das Beißen dosiert, und bauen eine Beißhemmung bei befreundeten Artgenossen auf. Andere zu respektieren und diesen Respekt deutlich zu machen, gehört eben-

Okay, kapiert, die Mama will jetzt nicht.

Für beide Arten nützlich: gemeinsames Gassigehen

falls dazu, ebenso das Einordnen jüngerer, aufsässiger Tiere. Der größte Teil des Verhaltensrepertoires ist also Lernsache, nicht instinktgegeben. Weil das so ist, ist der Hund in hohem Maße lernfähig und damit anpassungsbereit – an uns und an die Umwelt.

Wenn man nun einem Hund diese Lernmöglichkeiten verwehrt, versteht er buchstäblich seine Artgenossen nicht und kann sich schlecht einordnen. Wenn es ein großer Hund ist, wird er zur Gefahr. Wenn es ein kleinerer Hund ist, gerät er in Gefahr, weil er sich zumeist auch noch überschätzt bzw. darauf vertraut, dass Frauchen oder Herrchen eingreifen. Andere, normal aufgewachsene Hunde reagieren auf solche »ungebildeten« und »ungezogenen« Artgenossen empört, und wenn es mehrere zugleich sind, kann es schon mal sein, dass sie einen solchen Hund ganz schön böse zurichten. Im Sinne eines artgemäßen Hundeverhaltens ist das zwar »normal«, für uns aber natürlich nicht akzeptabel, so dass wir unseren Hund in solchen Situationen unter Kontrolle behalten müssen.

Deshalb ist es ganz wichtig, dass von Welpenbeinen an dieser Sozialkontakt ermöglicht und ständig praktiziert wird. Würden wir unsere Hunde »artgerecht« halten, dann müssten sie ohnehin ca. neun Monate in ihrer Hundefamilie bleiben. Dort würden sie alles lernen, was sie im Hinblick auf gutes Hundebenehmen brauchen, erst dann ist die Erziehung im Rudel abgeschlossen. Aber erstens gibt es kaum einen Züchter, der eine vollständige Hundefamilie hat, der also auch einen Rüden bei der Welpenaufzucht beteiligt, und zweitens nehmen wir die Welpen ja bewusst mit acht Wochen aus dem Rudel in unsere Familie, weil sie zu diesem Zeitpunkt am meisten lernen und am besten auf ihre Menschen geprägt werden können.

Wir brechen also einen wichtigen Lernprozess bei unserem Welpen ab, wenn wir ihn aus dem Rudel nehmen. Wir müssen deshalb versuchen, dieses Defizit auszugleichen, indem wir den verlorenen Hundekontakt möglichst schnell wiederherstellen. Schnell deshalb, weil im Bereich des Sozialverhaltens tatsächlich der Satz gilt: »Was Hänschen nicht lernt, lernt Hans nimmermehr.«

▶ **Kindergarten für Hunde**

Welpentreffs und Welpenspieltage werden erfreulicherweise immer mehr angeboten. Die Hunde bekommen einen kleinen Ersatz für die verlorenen Wurfgeschwister. Sie lernen, sich mit anderen auseinander zu setzen und Konflikte zu managen. In guten Welpenspieltagen werden sie auch behutsam an die Umwelt gewöhnt. Die Hundehalter lernen, wie sie mit ihrem Hund eine gute feste Bindung aufbauen. Einen solch guten Start ins Hundeleben sollten Sie Ihrem Welpen unbedingt ermöglichen und dafür auch mal weite Wege in Kauf nehmen.

LERNMÖGLICHKEITEN BIETEN ▶
Es ist Ihre Pflicht, Ihrem Welpen diesen Kontakt zu ermöglichen, und es liegt in Ihrem Interesse, das zu tun, weil Sie dann einen Hund haben, den Sie problemlos mit anderen spielen lassen können. Tun Sie es nicht, haben Sie zehn bis fünfzehn Jahre Stress auf Spaziergängen vor sich, müssen ständig nervös darauf achten, ob nicht irgendwo ein Hund auftaucht, dem Ihr Hund gefährlich werden kann oder der möglicherweise Ihrem Hund ans Fell geht. Wahrlich keine schönen Aussichten! Dagegen stehen gemeinsame entspannende Spaziergänge mit anderen Hunden und anderen Hundebesitzern. Spaß, Gespräche und Freundschaften entstehen so.

▶ **Gassigeher-Treffs**

Es gibt sie überall, die lockeren Treffs von Hundebesitzern, die meist um die gleiche Uhrzeit am gleichen Ort gemeinsam spazieren gehen. Das sind richtige Info-Börsen in Sachen Hund und Hundehaltung und man erfährt auch andere wichtige Dinge, zum Beispiel, wo man die besten wasserdichten Jacken bekommt. Unersetzlich und vergnüglich – suchen Sie sich einen solchen Treff.

Aber: Bevor Sie Ihrem Welpen und später Ihrem erwachsenen Hund erlauben, mit anderen zu spielen, vergewissern Sie sich, ob der Spielpartner »normal« ist. Die Trixis, Susis und Godas haben viele männliche und weibliche Genossen. Das sind Hunde, die von ihren Menschen falsch behandelt wurden und nicht für einen normalen Hundekontakt tauglich sind. Machen Sie einen Bogen um solche Hunde, Experimente mit ihnen schaden nur Ihrem Hund.

Seien Sie aber, wenn Sie diese Vorsorge getroffen haben, auch nicht allzu ängstlich. Wenn Ihr Junghund mal von einer alten Hündin angeschnauzt wird, weil er frech war, bricht ihm kein

Gut gedroht vermeidet echte Schäden ...

Zacken aus seiner eingebildeten Krone. Er überlebt es und hat was gelernt. Verteidigen Sie in diesem Fall Ihren kleinen Racker auch nicht, sonst verlässt er sich darauf, dass Sie ihm zu Hilfe eilen, und wird in seinem Verhalten zusehends unverschämter gegenüber anderen.

Da will einer spielen.

Sie fragen jetzt natürlich, woran man denn nun einen »normalen« Hund erkennt. In Ihrer direkten Umgebung ist das nicht weiter schwirig, denn andere Hundehalter können Sie beraten, und Sie lernen die anderen Hunde auch schnell kennen. Schwieriger ist es, wenn man sich in fremden Gegenden aufhält.

> **TIPP**
> *Sprechen Sie mit dem anderen Hundebesitzer. Ist er Ihnen sympathisch, geht er offen auf Sie zu, dann fragen Sie, ob er einen freundlichen Hund hat – jeder Hundebesitzer will schließlich Ärger vermeiden und wird Ihnen sicher die richtige Auskunft geben.*

Manchmal täuscht sich aber auch der beste Hundebesitzer über das Verhalten seines Hundes. Arko hat schlechte

Laune, weil er kurz zuvor zurechtgewiesen wurde. Asta steht kurz vor ihrer Hitze und ist ausgesprochen nervös. Irgendeine Körperausdünstung erregt den anderen Hund. All das und vieles andere kann dann auch bei einem ansonsten freundlichen Hund aggressives Verhalten auslösen. Seien Sie aber nicht allzu ängstlich: Lieber ein kleiner Riss im Ohr wegen eines Missverständnisses, als ein Hundeleben lang von normalem Sozialkontakt zwischen Hunden ausgeschlossen sein.

> **Ein Restrisiko bleibt**
>
> Sie können nie ganz sicher sein, dass Ihrem Hund nichts passiert, wenn er Kontakt mit anderen Hunden hat. Er kann beißen oder er kann gebissen werden. Ein Restrisiko bleibt, aber deshalb Ihrem Hund den Kontakt mit anderen verbieten wäre Tierquälerei, weil zu einem halbwegs artgerechten Leben auch der Kontakt zur eigenen Art gehört.

Normale Hunde legen Wert auf eine gute Kinderstube. Geben Sie Ihrem Hund die Möglichkeit, eine solche zu erwerben! Organisieren Sie so früh, so vielfältig und so lange wie möglich Kontakte mit anderen normal veranlagten und gut erzogenen Hunden. Dadurch wird Ihr vierbeiniger Freund ganz spielerisch die »Benimm-Regeln« unter Artgenossen lernen. Sie werden es nicht bereuen, und Ihr Hund wird es Ihnen danken, dass er ein »vollständiger« Hund sein darf – mit Zuneigung zu seinen Artgenossen und zu seinen Menschen.

> **So ein netter Hovawart**
>
> Immer wieder höre ich es, wenn meine Nessy sich so benimmt, wie sie es von Welpenbeinen auf von mir und anderen Hunden gelernt hat. So ein netter Hovi ... Ich bin schon stolz, dass meine Nessy Reklame läuft für einen gut sozialisierten Hund, der auch bei einer Rasse, die zur Dominanz neigt, einfach ein netter umgänglicher Hund sein kann.

Gut sozialisiert hält ihr Hund auch negativen Erfahrungen meist stand.

So leben Sie mit Ihrem Hund

41	▶	Legende Hundekörbchen	51	▶	Gar lustig ist die Jägerei!
45	▶	Reviere und ihre Bedeutung	56	▶	Hunde machen richtig Dreck
48	▶	My home is my castle!			

▶ **Legende Hundekörbchen**

In fast jedem Hundebuch, das sich angehende Hundehalter/innen kaufen, steht, dass man Hunden einen festen Platz zuweisen soll, einen Korb oder eine Decke an einem zugfreien Ort, zum Beispiel im Flur. Bei einigen Rassen wird sogar noch die Zwingerhaltung angeraten. Millionen Menschen haben das ihren Hunden angetan und tun es ihnen weiter an. Aber artgerecht ist das nicht! Jeder, der dies einmal mit einem neuen Welpen ausprobiert hat, weiß, dass sein kleiner Hund die ganze Nacht jammerte. So lange halt, bis eines seiner neuen Rudelmitglieder zu ihm kam und ihn entweder zu sich nahm oder – was es auch geben soll – bei ihm in der Küche oder auf dem Flur schlief. In den Hundebüchern wird dann geraten, »hart zu bleiben« – der Kleine müsse das eben lernen.

Wenn Sie diesen Ratschlägen folgen wollen, machen Sie sich klar, was Sie dabei im Sinne einer artgerechten Hundehaltung anrichten. Wir haben schon an anderer Stelle darüber gesprochen, dass Hunde uns Menschen als eine besondere Sorte von Artgenossen ansehen. Sie erwarten daher von uns, vor allem von ihren menschlichen Bezugspersonen, auch ein entsprechendes Verhalten.

Jetzt nehmen Sie also einen Welpen aus dem Rudel – zu einer Zeit, in der das in der Natur völlig verfrüht wäre. Mit der Übernahme adoptieren Sie den Kleinen, und er darf erwarten, dass Sie seine Erziehung ordnungsgemäß fortsetzen.

Im Hunderudel hat der Kleine in dieser Zeit absolute Narrenfreiheit, genießt Futtervorrecht und wird von den Eltern in jeder erdenklichen Weise gehätschelt. Würde ein Welpe von seinen Hundeeltern in der Nacht vor die Tür geschickt, wäre das mit großer Wahrscheinlichkeit sein Tod. Die Natur hat dem Welpen dieses Wissen mitgegeben, und er tut alles, um in der Nähe der schlafenden Eltern, im sicheren Bau zu bleiben. Sie werden einwenden, dass in Ihrem Flur nachts keine Luchse oder Wölfe streunen, die Ihren Welpen

In diesem Alter hat Wölfchen absolute Narrenfreiheit – da darf man sogar auf Mama sitzen.

Eng aneinandergekuscheltes Kontaktliegen von Hündin und Welpen in der Wurfkiste.

bedrohen könnten – das weiß Ihr Kleiner aber nicht, er weiß nur: »Ich muss die Nähe meiner Alten suchen, vor allem weil ich keine Geschwister mehr habe.«

GEBORGENHEIT VERMITTELN ▶
Die Isolierung des Welpen von Ihnen löst also ganz natürlich Todesangst aus und einen Vertrauensverlust in uns »Alte«, die sich ihrer Schutzaufgabe anscheinend nicht bewusst sind. Lassen Sie Ihren Welpen selbst entscheiden, dann wird er zumeist ganz selbstverständlich mit in Ihr Schlafzimmer kommen und neben Ihnen ruhig, vertrauensvoll und sicher schlafen.

Das muss nicht in Ihrem Bett sein, kann es aber. Sie befinden sich dabei in der guten Gesellschaft der Mehrheit der Hundehalter. Aber: Wenn Sie merken, dass Ihr Hund den Schlafplatz gegen Sie verteidigt, ist eine Disziplinarmaßnahme angesagt. Das ist meist das erste Anzeichen, dass in Ihrer Beziehung etwas nicht stimmt. Also wenn Sie kommen, muss Ihr vierbeiniger Freund weichen oder er geht am besten nach Ihnen ins gemeinsame Bett.

Wenn Sie das nicht haben wollen, dann kommt Ihr Hund eben nicht ins Bett. Den meisten Langhaarigen ist es dort ohnehin zu warm. Aber hier wie anders gilt wieder: nicht einmal hüh und einmal hott. Entweder er darf, dann darf er immer oder er darf nicht, dann darf er nie.

Erwachsene Hunde wandern, wenn man sie lässt, ohnehin nachts oft durch das ganze Haus und legen sich auf immer wieder andere bewährte Ruheplätze, nach meist immer gleichen, ritualähnlichen Reihenfolgen. Erwachsene Hunde sind auch sicher genug, dass sie sogar von sich aus beim Ruhen »auf Distanz« gehen. Distanz und Alleinsein setzen aber Geborgenheit und Sicherheit voraus, und diese Erfahrungen muss der junge Hund erst einmal machen.

Kinder wissen das meist ohne große verhaltenswissenschaftliche Studien, weil sie ähnliche Gefühle und Bedürfnisse haben. Als Kind haben mein kleiner Mischlingshund und ich jeden Abend das gleiche Ritual vollzogen: Ich lag brav allein im Bett, mein Hund auf seiner Decke daneben. Sobald die Mama die Zimmertür schloss, sprang Blacky ohne Aufforderung in mein Bett, und wir schliefen eng aneinandergeschmiegt und zufrieden ein. Beim leisesten Geräusch an der Zimmertür war Blacky wieder auf seinem Platz. Natürlich haben das Mama und Oma bemerkt, aber gesagt haben sie mir das erst Jahre später.

Die Franziskanermönche des Klosters New Skete in den USA züchten Hunde und bilden Hunde aus. Trotz strenger Ordensregeln leben die Hunde, vor allem die jungen, ständig mit ihren menschlichen Bezugspersonen zusammen, und schlafen selbstverständlich bei den Mönchen in den Zellen.

Das gemeinsame Ruhen ist von ganz entscheidender rudelbildender Bedeutung. Das wird in vielen Büchern und Broschüren vernachlässigt und bagatellisiert. Den festen Platz, das angeblich so geliebte Hundekörbchen, kann man nutzen, wenn man den Hund mal vorübergehend »aus dem Weg« haben muss. Es darf aber nicht zum Hundeexil werden, kein Ersatz für das vitale Bedürfnis nach Nähe zum menschlichen Rudelführer oder zur Rudelführerin. Gemeinsames Ruhen ist für den Junghund ein zentrales Gefühl der Sicherheit und der Geborgenheit. Sie müssen Ihrem Welpen diese Nähe erlauben, sonst wird er verhaltensgestört – und das gilt nicht nur für die Nacht.

Hunde schlafen, im Vergleich zu uns, sehr viel und offensichtlich gerne. Sie brauchen auch viel Schlaf, und den bekommen sie nur, wenn sich das genannte Vertrauen aufgebaut hat. Meine

Das Hundekörbchen gehört in Ihr Schlafzimmer, solange der Hund klein ist, oder Ihnen gehört kein Hund.

Nessy erkennt untrüglich, wenn ich an den Schreibtisch muss. Meist ist sie noch vor mir auf ihrem Lager neben dem PC-Tisch und schnarcht nach allerkürzester Zeit vergnügt vor sich hin.

Wo man schläft oder ruht, hat bei Hunden auch eine ganz wichtige Funktion innerhalb der Rangordnung. Im Wohnzimmer steht bei uns ein großer breiter Lesesessel. Es ist »mein« Sessel, auf dem ich viel Zeit verbringe, weil ich viel lese. Wenn ich abends diesen Sessel verlasse, quetscht sich sofort meine Nessy in das Möbelstück und demonstriert damit allen anderen augenfällig, wo sie sich in der Hierarchie einordnet.

DER SCHLAFPLATZ HAT SOZIALE BEDEUTUNG ▶ Wo man schläft und bei wem man schläft, ist also ganz zentral für die Rudelordnung und für den Status, den der Einzelne darin hat. Wer einmal in einem Rudel schlafen durfte, der wird nicht mehr angegriffen. Sie haben das sicherlich schon in einem der Fernsehberichte über Forscher, die sich einem Wolfsrudel anschließen wollten, selbst gesehen.

Diese enge Verbindung von Schlafplatz und Rudelordnung müssen Sie nicht nur berücksichtigen, indem Sie Ihrem Hund erlauben, in Ihrer Nähe zu schlafen. Sie bedeutet auch, dass Sie diese Situation dazu nutzen, Ihren Rang immer wieder deutlich zu machen. Das heißt, Sie als Chefin oder Chef haben immer Platzvorrecht. Es ist ganz klar, dass Nessy sofort den Lesesessel räumt, wenn ich Anstalten mache, ihn zu benutzen. Auch Junghunde dürfen erst nach Ihnen ins Bett, niemals als erste. Wenn Sie nicht darauf bestehen, kann bei der hohen Bedeutung des Schlafplatzes daraus nämlich schon mal ein unerfreulicher Rangordnungskonflikt entstehen. Lassen Sie es nicht dazu kommen.

Sie haben gesehen: Wie und wo man sich als Hund bettet, ist eine keineswegs unwichtige Frage. Überlegen Sie sich, wie Sie es damit halten wollen und was Ihnen dabei wichtig ist. Ob Ihr Hund ins Bett darf oder nicht – bleiben Sie auf jeden Fall bei der getroffenen Entscheidung. Inkonsequenz ist hier, wie in der ganzen Hundeerziehung, enorm schädlich.

> **TIPP**
> *Last, but not least: Der alte Satz, dass man schlafende Hunde nicht wecken soll, ist unbedingt richtig. Es verstößt ganz entschieden gegen die Hundeetikette, wenn Sie einen schlafenden Hund streicheln, wegräumen wollen oder sonst wie behelligen. Im Hundesinne hat Ihr Waldi dann auf jeden Fall Recht, wenn er böse wird. Also wecken Sie ihn mit normaler freundlicher Stimme.*

Nachdem Sie dieses Kapitel gelesen haben, brauche ich nicht mehr viele Worte über die Zwingerhaltung zu verlieren. Das »Aufbewahren« von Hunden in Zwingern oder an Ketten und Laufleinen ist für ein soziales Lebewesen wie den Hund eine Qual. Das gleiche gilt für Hunde, die tagsüber oder nachtsüber alleine in Gärten gehalten werden. Für den Hund ist das fast so wie Zwinger, In beiden Fällen ist es quasi Isolationshaft, weil er keinen Sozialkontakt haben kann. Leute, die ihre Hunde nicht anders halten können, sollten keine Hunde halten. Zwingerhaltung gehört für Hundehaltung in privater Hand gesetzlich verboten. Vielen Verhaltensstörungen, die aus der Isolierungsfolter entstehen, wäre vorgebeugt.

> **Rückzugsplatz**
>
> Rückzugsplatz gilt auch für Kinder:
> Machen Sie in Ihrer Familie einen Platz aus, der das absolute Rückzugsgebiet Ihres Hundes ist. Wenn er auf diesen Platz geht, wird er von niemandem gestört oder gar herausgezerrt. Machen Sie das ganz besonders dann, wenn Kinder in Ihrem Haushalt sind. Böse Missverständnisse werden so vermieden.

▶ Reviere und ihre Bedeutung

Meine alte Andra hatte viele Hundebekannte bei uns im Ort. Mit mehreren vertrug sie sich ganz gut, mit einigen leidlich, andere konnte sie nicht ausstehen. Ein kleiner Kreis gehörte zu den Auserwählten, mit denen sie spielte, durch die Feldflur tobte, Mäusejagd betrieb, und die sie im Falle eines Angriffs durch einen anderen Hund auch mal verteidigte.

Wenn aber einer aus diesem engeren Freundeskreis bei uns zu Besuch kam, wurde er schon am Gartentor fürchterlich angebellt. Welpen und Junghunde durften in unseren Garten, wurden jedoch streng beaufsichtigt. Eine absolute Grenze, auch für den liebsten Freund und die beste Freundin, bildet aber die Haustür. Wenn man Andra hätte gewähren lassen, dann wäre für buchstäblich jeden anderen Hund unser Haus absolut verbotenes Land gewesen, das massiv verteidigt werden musste.

Nur zweimal im Jahr, wenn sie läufig war, war für sie offenes Haus. Sie rief sogar die Rüden, falls diese sich über ihren Zustand nicht klar sein sollten. Aber genau in dieser Zeit legten wir natürlich keinen sonderlichen Wert auf Hundebesuch.

Mein Schäferhund Ben hat sich da anders verhalten. Wenn eine Hündin zu Besuch kam, freute er sich riesig. Charmant führte er sie durchs Haus und machte sie mit den verschiedenen Attraktionen bekannt, die er ihr im Falle des Interesses zu bieten hätte. Ganz Kavalier, überließ er ihr Futterreste, abgelutschte, aber geliebte Knochen, die Wasserschüssel und natürlich auch seinen Lieblingsruheplatz.

Jeder von Ihnen versteht sofort Bens amourösen Hintersinn. Ein Rüde, der sich unserem Grundstück näherte oder gar einzudringen versuchte, ging dage-

Dieser Howawart zeigt eindeutig seine Reviergrenze, die man nicht ungefragt übertreten sollte.

Der Pförtner in Aktion – der Chef sollten Sie bleiben ...

gen ein ziemlich hohes Risiko ein: So freundlich Ben zu Hundedamen war, so scheußlich fand er Herrenbesuch.

Rüde und Hündin haben also eine recht unterschiedliche Einstellung zum heimischen Herd. Für die »Damen« ist das Haus oder die Wohnung der Ort, an dem sie möglicherweise ihre Jungen aufziehen werden. Dieser Ort ist für Fremde absolut tabu, da dürfen nur vertraute Rudelgenossen rein. Die «Herren» sind Besucherinnen gegenüber durchaus aufgeschlossen, auch wenn sie in fester Beziehung zu einer Hündin leben. Die Hündinnen sind, wenn sie Mutter geworden sind, sogar gegenüber ihrem Lebensgefährten abweisend. Er darf den Nachwuchs erst nach einigen Wochen begutachten.

So sind die meisten. Nessy, die gerade mein Leben mit mir teilt, ist ganz anders als Andra und Ben. Sie freut sich riesig über jede Art von Hundebesuch – sofern der auch nett ist. Es gibt also immer wieder Hunde, die anders sind, weil sie einer Rasse angehören, bei der revierdominantes Verhalten unerwünscht ist oder weil sie einfach ein friedliches Individuum sind.

REVIERE 1. ORDNUNG ▶ Es gibt natürlich diese Ausnahmen – wir wissen ja, jeder Hund ist anders. Aber das sind immer noch ganz wenige Ausnahmen. Vieles lässt sich durch eine gezielte und umfassende Sozialisierung verändern. Ich darf Sie an die eingangs genannten Welpentreffs erinnern.

Die meisten Hunde zeigen immer noch das Verhalten ihrer wilden Vorfahren, auch wenn das in unserer dicht besiedelten Welt manchmal wirklich »antiquiert« ist. Die Verteidigung des »Reviers erster Ordnung«, wie das die Verhaltensforscher nennen, also des Bereichs, in dem der Hund schläft, ruht und seine Brut aufzieht, haben wir Menschen uns zunutze gemacht: Die Karriere der Wachhunde begann. Ganz früher haben die Hunde unseren Vorfahren das Annähern fremder, möglicherweise feindlicher Menschenhorden gemeldet, und heute zeigt Waldi den Briefträger, Tante Else oder den unerlaubten Damenbesuch des möblierten Herrn zuverlässig an.

REVIERE 2. ORDNUNG ▶ Natürlich gibt es auch noch Reviere zweiter und dritter Ordnung. Das Revier zweiter Ordnung dient dem Spielen oder Jagen, das Revier dritter Ordnung ist quasi der Rahmen, in dem die Pirsch auf das jeweils andere Geschlecht stattfindet. Diese Reviere sind bei uns in Mitteleuropa nicht mehr so deutlich zu erkennen, weil bei uns die Hunde ja nicht in frei laufenden Rudeln leben, sondern zumeist einzeln gehalten werden. Das Revierverhalten ist deshalb auch nicht mehr so ausgeprägt.

Ihr Falko markiert natürlich unerlässlich auf dem Spaziergang sein Revier. Das tun außer ihm aber auch noch zwanzig andere Rüden und bestimmt auch ein ansehnlicher Teil der Hündinnen im Viertel. Falko wird aber normalerweise nicht versuchen, einen anderen Rüden aus dem Revier zu jagen. Manchmal schnauzt er fremde Rüden vielleicht an; bei den miteinander bekannten Rüden haben sich schon bald Rituale eingespielt, man hat sich arrangiert.

Ganz ähnliche Arrangements treffen auch Hündinnen, wenn man sie lässt. Allerdings sind Hündinnen insgesamt nicht so schnell mit dem Freundschaftenschließen, und wenn sie sich mal verkracht haben, dann ist es meist für immer, und Sie halten sich besser von der anderen Hündin fern. Hündinnen sind insgesamt nicht so tolerant und entschieden nachtragender gegenüber anderen Hündinnen. Aber das ist schließlich auch ganz natürlich: Sie müssen von Natur aus für das Überleben ihrer Brut sorgen. Da gibt's meist keine Kompromisse und auch keine Freundinnen. Diese Haltung nimmt Ihre Hündin grundsätzlich ein, auch wenn sie niemals Junge haben wird.

Es ist also kein »böser« Hund, der Ihren Struppi wütend aus seinem Garten jagt, aber die Nachbarshündin freudig einlädt. Es ist auch keine »bissige« Hündin, die in ihrem angestammten Spaziergangsrevier darauf besteht, dass sich Ihre kleine Hündin unterwirft.

Reviere sind also auch noch bei unseren modernen Hunden von Bedeutung – im Bereich des Jagd- und Se-

Manchmal machen es auch die Mädels: Markieren ist Pflicht!

xualreviers nicht mehr ganz so klar und ausgeprägt wie bei den wilden Ahnen, aber immerhin doch noch für das Verhalten bestimmend. Wir müssen darüber Bescheid wissen, damit wir das Verhalten unserer Hunde verstehen, beurteilen und nötigenfalls artgerecht korrigieren können.

▸ **My home is my castle!**
Mein Freund Heinz hat zu Beginn seiner beruflichen Laufbahn als Briefträger gearbeitet. Aus dieser Zeit erzählt er immer wieder folgende Geschichte: sen Moment hatte auch der Zwergpinscher gewartet: Das Ablegen der Post war für ihn das Angriffssignal. Wütend bellend verfolgte er den flüchtenden Heinz, ernsthaft entschlossen, den Eindringling auch zu packen. Wenn Heinz vor dem Hund die Grundstücksgrenze erreichte, war die Sache erledigt, wenn nicht, gab's Ärger zwischen den beiden. Obwohl kein Zaun den Hund hinderte, endete ab der Bürgersteigkante jede Feindseligkeit.

Jeder Briefträger kennt solche Erlebnisse. Oft warten die gartenbesitzenden

Zu seinem Zustellbezirk gehörte eine Gaststätte, die über einen dreißig Meter langen, rasengesäumten Weg zu erreichen war. Das Grundstück war nicht eingezäunt. Die Gaststätte und das Rasenstück davor waren das Revier eines Zwergpinschers. Jeden Morgen ging Heinz, nervös um sich blickend, zur Gaststaustür, öffnete sie, legte die Post auf den Tresen – und genau in diesem Moment startete Heinz und rannte, so schnell es eben ging, zurück, über den Weg Richtung Straße. Genau auf dieHunde schon begierig auf das Erscheinen des Beamten, melden ihn mit wütendem Gebell, stellen sich zornig auf den Deckel des Briefkastens am Jägerzaun und machen dem Postboten das Leben schwer. Oftmals zwicken oder beißen sie gar, weil gedankenlose und bedenkenlose Hundhalter/innen nicht einschreiten.

Jedem Hund macht diese Aktion riesigen Spaß. Nach seinem Verständnis stellt sich dieses morgendliche Ritual nämlich so dar: »Jeden Morgen nähert sich dieses Individuum meinem Revier, und jeden Morgen bricht es seinen Annäherungsversuch kläglich ab, nachdem ich meine Ansprüche lauthals deutlich gemacht habe.« Dass das Entfernen schlicht deshalb geschieht, weil die Post eingeworfen wurde, weiß der eingebildete Held ja nicht; jede neue Zustellung stärkt sein Selbstbewusstsein. Man sollte seinem Hund gerade diesen Spaß nicht gönnen, auch wenn er nur bellt und nicht beißt. Nicht jeder Postbote hat den gleichen Sinn für Humor wie Ihr Hund.

POSTBOTEN-TRAINING ▶ Machen Sie Ihrem Welpen den Besuch des Postboten von Anfang an angenehm: Bitten Sie z. B. den Beamten, ihn zu streicheln. Wenn er mithelfen will, ist das die einfachste Methode, die Postzustellung positiv zu besetzen. Andernfalls nehmen Sie Ihren Hund einfach ins Haus, wenn die Post kommt, oder legen Sie ihn »Platz«. Machen Sie jedenfalls keine große Sache daraus, denn das führt bei Ihrem Hund ebenfalls zur Steigerung seiner Erregung, und dann hört er Sie irgendwann gar nicht mehr.

Hunde können Briefträger mögen, man muss es nur richtig aufbauen.

Wir haben im vorhergehenden Kapitel über die Bedeutung der Reviere für den Hund gesprochen. Im »hündischen« Sinn ist es für viele Hunde eine Unverschämtheit, wenn ein Fremder bei uns Einlass verlangt. Besonders halbstarke Hunde wollen uns beweisen, dass sie allmählich Aufgaben im Rudel übernehmen können und wollen, und meist merken wir das an der ganz wilden Verteidigung unseres Hauses.

»Artgerechtes« Verhalten gegenüber dem Hund könnten wir so verstehen, dass wir von unseren Besuchern verlangen, dass sie sich vor der Haustür auf den Rücken legen und warten, bis wir oder unser Hund die Geruchskontrolle vorgenommen haben und ihnen das Aufstehen erlauben. Ich vermute, dass sich dann allerdings die Frage, wie mit Besuchern umzugehen ist, ohnehin von selbst löst: Es werden keine mehr kommen.

Auch wenn viele unserer Hunde es nicht nachvollziehen können: Sie müssen lernen, dass nicht nur jene Besucher Zutritt zu unserer geheiligten Privatsphäre haben, die unser Hund toleriert oder mag, sondern auch jene, die wir gerne sehen.

> **TIPP**
> *Bringen Sie das Ihrem Hund von klein auf bei: Sie entscheiden, wenn Sie da sind, wer das Haus betritt. Und machen Sie da nie einen Rückzieher, weil es Ihnen gefällt, wie Ihr Hund bewacht.*

Wenn Sie nicht da sind, wird er ohnehin von gesteigerter Verteidigungsbereitschaft sein, aber wenn Sie da sind, entscheidet der Chef, nicht der Pförtner.

Bei den meisten Hunden reicht ein beruhigendes Wort, sie orientieren sich von selbst an unserem Verhalten. Es gibt aber auch Hunde, wie meine Andra, die sich nicht so schnell von ihrem entschiedenen Wachhundverhalten abbringen lassen. Sie ist ein Hovawart, ihre Vorfahren wurden so gezüchtet, dass sie selbstständige Entscheidungen bei der Bewachung von Höfen und

Der Ball ist ein guter Beuteersatz für viele Hunde.

großen Anwesen treffen. In unserem Haus und im Vorgarten ist diese Qualifikation nicht so sehr erwünscht. Solche Hunde kann man meist nicht mit guten Worten beeinflussen, sie sind sehr engagiert bei der Sache. Da hilft nur eine Gehorsamserziehung, die nicht in dieser Situation stattfindet, sondern vorher. Wenn Ihr Hund die Anordnungen »Sitz« und »Bleib« zuverlässig befolgt, können Sie einen begeisterten Wachhund und Gäste haben.

▶ **Gar lustig ist die Jägerei!**
Fast alle Hunde spielen gern mit Bällen oder Stöckchen, die wir ihnen werfen. Apportieren, das heißt den Ball oder Stock zurückbringen, tun nicht alle, aber alle jagen gerne dem fliegenden Objekt nach. Ball oder Stock stehen stellvertretend für die Beute, der man nachsetzt, die man fängt und manchmal »totschüttelt«. Das Erbe der wilden Beutegreifer, von denen unsere Hunde abstammen, ist immer noch wach. Die Bereitschaft, Beute zu machen, ist stets präsent – auch dann, wenn Sie für eine volle Futterschüssel sorgen.

Unsere Hunde müssen ja nun wirklich nicht mehr selbst jagen, Herrchen und Frauchen erledigen das meistens perfekt. Unsere Hunde werden lebenslang so versorgt wie in wilden Rudeln die Welpen, die sich auch keine Sorgen um die Ernährung zu machen brauchen. Weil das so ist, sprechen Verhaltensforscher davon, dass unsere Heimtiere ihr ganzes Leben lang quasi im Stadium des Jugendlichen verharren. Das ist die Ursache für ihre Anhänglichkeit und ihre lebenslange Spielfreude.

Spielen bedeutet aber auch bei wilden Junghunden Vorbereitung auf den Ernst des Lebens. Im Spiel werden Jagen, Stellen und Erlegen der Beute geübt – allerdings nicht immer alles zugleich oder nacheinander, sondern meist immer nur einzelne Teile aus dem ganzen Ablauf der Jagd.

Andra und ihre Freunde spielen sehr gerne Stellen und Erlegen der Beute. Gemeinerweise muss sich immer der kleinste Hund, der Beagle Charly, als Beutestück zur Verfügung stellen. Für uns Menschen unverständlich, tut er das meist mit sichtlichem Vergnügen.

Ein anderes Element dieser Jagdübungen ist für uns Menschen nicht immer erfreulich: das Hetzen der Beute – eine Tätigkeit, die Hunden höchsten Lustgewinn bringt. Wenn Charly die Beute spielt und sich von seinen Freunden so lange hetzen lässt, bis ein anderer Hund seine Rolle übernimmt, ist das alles ein schönes, gesundes Hundespiel.

Wesentlich unangenehmer wird es dann, wenn Radfahrer oder Jogger als Beutestücke angesehen werden. Und machen Sie sich da keine Illusionen,

Spielerischer Streit um eine Beute – das sind gut verträgliche Hunde!

die meisten unserer vierbeinigen Schätzchen tun genau das. Ein Jogger oder ein Radfahrer, der sich schnell von uns entfernt, wirkt nun mal einfach wie eine fliehende Beute, und der Impuls, diese Beute zu verfolgen, ist meist unwiderstehlich. Ähnliches gilt für Kinder, und manche Hunde setzen auch »fliehenden« Autos nach. Meist sehen Sie diese Beute erst zu spät, und Ihr Hund ist schon in voller Fahrt, bevor Sie überhaupt ein Hörzeichen aussprechen können.

»UNGEEIGNETE« JAGDOBJEKTE ▶

Dieses Beuteverhalten ist durchaus natürlich und keine Verhaltensstörung. Die meisten Hunde würden nicht beißen, das Spiel hat seinen Reiz vorwiegend im Hetzen, manchmal auch im Stellen der Beute. Aber erstens erwarten Jogger und Radfahrer zu Recht, in Ruhe gelassen zu werden, zweitens sind Jogger meist keine Hundesachverständigen. Und Kunstradfahrer, die um einen keifenden Hund kreisen, ohne Angst und ohne Sturz, sind auch eher die Ausnahme. Drittens ist die Angelegenheit auch nicht ohne Gefahr für Ihren süßen Fratz, und viertens wollen wir ja mit unserer Umwelt in Frieden leben und Hundefeindlichkeit nicht auch noch weiter vertiefen helfen.

Wenn wir das Problem kennen, ist es auch schon halb gelöst: Haben Sie eine Seele von Hund, wird er ohnehin Ihren Unmut fühlen und diese »Beutestücke« ignorieren. Haben Sie einen eher eigensinnigen Vierbeiner, wie es meine Andra war, brauchen Sie stärkere Geschütze und aufwendigere Aktionen.

ABGEWÖHNEN MIT KÖPFCHEN ▶

Vielleicht klappt einer der Tricks, wie wir sie im Kapitel »Beeindrucken statt bestrafen« beschrieben haben. Vielleicht ist Ihr Liebling mit einem klappernden Schlüsselbund, einer Wurfkette, einer Wasserpistole oder irgendeinem anderen, Lärm erzeugenden Gerät genügend zu beeindrucken. Bei Andra funktionierte nichts von alledem, ihre Begeisterung fürs Hetzen war einfach zu groß.

Dann bleibt nur, dass Sie konsequent und systematisch mit Gehorsamsübungen arbeiten. Ich bin mit meiner Andra auf allen Joggingpfaden und Radwegen der Umgebung unterwegs gewesen. Wochenlang haben wir an der Leine geübt – bis uns beiden die Zunge raushing –, dass der Hund sich setzt, wenn ein Jogger oder Radfahrer sich nähert.

Zwischendurch gab's »erlaubte« Beutespiele mit Ball oder Holz und ab und zu ein Leckerchen, um die Motivation zu erhalten.

Wir haben es geschafft, und die Investition hat sich gelohnt. Danach setzte sich Andra unaufgefordert und unangeleint schon dann hin, wenn ein Jogger sich nur von ferne näherte, und falls sie ihn einmal nicht vor mir gesehen haben sollte, reicht allein schon das Wort »Jogger« aus, damit sie sich schnell setzte und so lange sitzen blieb, bis Jogger oder Radfahrer uns passiert hatten.

Geduld und Konsequenz sind auch hier das A und O der Erziehung. Das nervt Sie vielleicht eine Zeit lang, weil Sie die Übung wirklich bei jedem Jogger und bei jedem Radfahrer machen müssen – es lohnt sich aber. Sonst müssen Sie später mit härteren Bandagen kämpfen, und das verändert beziehungsweise verschlechtert Ihre Beziehung zum Hund.

DIE WILDE JAGD ▶ Nicht ganz so einfach haben Sie es, wenn es um Kaninchen oder Katzen geht. Die sprichwörtliche Feindschaft zwischen Hund und Katze kann man zwar im eigenen Haushalt manchmal auflösen, außerhalb sind Katzen aber für die meisten

Jogger sind ungeeignete Jagdobjekte, aber Hunde sind geduldige Begleiter von joggenden Menschen.

Hunde – auch für solche, die zu Hause mit einer zusammenleben – ein rotes Tuch.

Man kann zwar erklären, warum das so ist: Katzen und Hunde leben in einem permanenten Missverständnis, weil ihre Körpersignale gegensätzliche Bedeutung haben (z. B. Schwanzwedeln heißt Aggression bei Katzen und Freundlichkeit bei Hunden). Mit dieser Erklärung ist aber keine Lösung verbunden, die Feindschaft bleibt.

Sonst wohlerzogene Hunde vergessen alles, wenn sie auf der gegenüberliegenden Straßenseite eine Katze sehen – eine in vielerlei Hinsicht gefährliche Situation. Es gibt auch Hunde, denen Katzen egal sind. Verlassen Sie sich aber nicht darauf, dass Ihr Hund dazugehört. Hier gibt es wieder nur die Lösung über Gehorsamsübungen. Wenn Ihr Hund sicher gehorcht, können Sie versuchen, ihn zu stoppen. Aber sein Gehorsam wird bei einer Katze sicherlich auf die härteste Probe gestellt, die es gibt.

Professionelle Hundeausbilder arbeiten hier meist mit Reizüberflutung, also so ähnlich, wie ich es mit Andra auf dem Joggingpfad gemacht habe. Der Hund wird so lange an der möglichen »Beute« trainiert, bis die Übung sitzt. Wer aber kann als Privatmensch eine solche Lernumgebung organisieren?

Katzen kommen halt eben, wann sie wollen, und leider nicht, wenn wir gerade mit dem Hund auf Lerngang sind. Einen schwachen Trost gibt's in dieser Situation: Die meisten Hunde werden mit dem Alter gleichgültiger gegenüber der Katzenjagd oder haben beim Zusammentreffen mit einer Katze schmerzhafte Erfahrungen machen müssen.

Die meisten Hunde hassen (fremde) Katzen – da hilft nur aufpassen.

Die vielen Kaninchen und zunehmend auch wieder Hasen in Wald und Feld stellen uns ebenso vor Probleme. Nicht alle Hunde stehen auf Hasenjagd, aber viele. Neben unserem Clubheim ist eine Polizeihundeschule. Selbst die hart ausgebildeten Tiere sind oftmals weg wie ein Pfeil, wenn sie einen Hasen aufstöbern. Das löst bei uns manchmal schon ein bisschen Schadenfreude aus, weil wir wegen unserer »schlappen« Ausbildung oft verspottet werden.

Am einfachsten wäre es natürlich, wenn es kein »erstes Mal« gibt, aber da haben die meisten von uns kein Glück. Auch hier wird nur Gehorsamsarbeit helfen, wobei sie in der Hasenfrage leichter ist als bei Katzen, sofern Sie nicht einen Jagdhund haben oder einen Begleithund, der ein bisschen aus der Art geschlagen ist. Und auch hier gilt ganz besonders: Früh übt sich, wer »hasenrein« werden will.

Flankierend müssen Sie Ihrem Hetzhund aber schon Angebote machen, bei denen er seine Veranlagung in erlaubten Bahnen ausleben darf. Wir wissen aus der Menschenpsychologie, wie schädlich Triebverzicht sein kann. Also lassen Sie ihn nach Bällchen und Stöckchen jagen, machen Sie Such- und Fährtenübungen, und bieten Sie

▶ Raus-da-Training

Sorgen Sie für größtmögliche Sicherheit, in dem Sie Ihren Hund von Anfang an daran gewöhnen, nicht in den Bewuchs links und rechts von Feld- und Waldwegen zu gehen. Trainieren Sie ihn auf das Hörzeichen »geh raus« oder etwas Ähnliches. Auf überschaubaren Wiesen können Sie ihn dann mit einem anderen Hörzeichen laufen lassen. Hat Ihr Hund das gelernt, vermeiden Sie jedenfalls, dass er Wild aufstöbert – sehen kann er es allerdings immer noch und dann ...

Hund das Hetzen oder gar Wildern zu verbieten, dann warten Sie nicht lange ab. Sie sollten sich dann frühzeitig Rat und praktische Hilfe bei kundigen Hundeausbildern holen. Auch bei der Erziehung der Hunde muss man als Anfänger manchmal »Lehrgeld« bezahlen. Also zeigen Sie keine falsche Scheu und lassen sich helfen. Im Interesse Ihres jagdlustigen Vierbeiners lohnt sich das auf jeden Fall.

ihm viele Spielstunden mit anderen Hunden als Ersatz für ein Stück Leben, das wir ihm in seinem eigenen Interesse und im Interesse der Hasen verwehren müssen.

Trotz aller guten Ratschläge gibt es Menschen und Hunde, die dieses schwierige Lernproblem nicht gemeinsam lösen können. Das kann, zumindest für den Hund, fatale Folgen haben. Wenn Sie es also nicht schaffen, Ihrem

> **Im Wald, da sind die Jäger!**
>
> Manchmal und bei manchen Hunden ist es einfach die bessere Lösung, im Wald den Hund stets anzuleinen. Besser an der langen Leine am Leben bleiben, anstatt als frei laufender Hund erschossen oder vom Ordnungsamt an die ständige Leine gelegt zu werden. Als Tierschützer sollten Sie in den Frühlings- und Frühsommermonaten daran denken, dass trächtige Muttertiere und Jungtiere besonders schutzbedürftig und gefährdet sind. In dieser Zeit ist es rücksichtsvoll, wenn man alle Hunde anleint, deren man nicht absolut sicher ist ...

▶ **Hunde machen richtig Dreck**

Ich hatte mir eine kleine Ferienwohnung im Allgäu gemietet, ganz allein mit Andra, für einen ruhigen, entspannenden Kurzurlaub. Die Vermieter wollten es ihren Gästen sichtlich gemütlich machen: überall Teppichboden, in den Zimmern, auf den Treppen, sogar der Balkon hatte eine Kunstgrasauflage. Als erfahrene Partnerin von Hunden habe ich einen etwas anderen Geschmack, und meine Hündin demonstrierte auch sofort, warum dies vernünftig ist.

Nach der langen Autofahrt ging's natürlich gleich raus auf eine Wiese. Andra raste in großen Kreisen über das Grasland und tobte ihre unterdrückte Bewegungslust aus. Ich stand nur da und freute mich an meinem Hund.

Urplötzlich, fast aus gestrecktem Galopp, plumpste Andra zu Boden und wälzte sich wollüstig im Gras – alle viere in die Höh', die Beine als Ruder nutzend, um die ganze Rückenpartie einzuschmoddern. Mir schwante Furchtbares, und ich lief ihr wütend schreiend hinterher.

Andra kannte das schon, stand auf und kam unterwürfig auf mich zu. Auf dem Weg zu mir fand sie aber noch ein Moorloch mit stinkendem Brackwasser, in das sie kurz noch Kopf und Hals tauchte, bevor sie endgültig zu mir kam. Mein ehemals blonder Hovawart war rücklings grün eingefärbt, ganz offensichtlich von milchviehischer Hinterlassenschaft, und vorneweg an Hals und Kopf dunkelbraun-schwärzlich. Andra duftete nach einem unbeschreiblichen, ziemlich biologischen Aromamischmasch.

Scheinheilige Aufforderungen von mir, doch den vorbeifließenden Wildbach zu benutzen, durchschaute mein kluger Hund sofort. Baden würde schließlich diesen herrlichen, völlig neuartigen, bisher nicht gekannten Duft zerstören. Ich dachte an die Teppichböden im Ferienhaus und den langen Weg zum Badezimmer und hoffte, dass uns keiner sehen würde, wenn wir heimkehrten.

DER DUFT, DER HUNDE ANZIEHT ▶

Einige tun es nicht, aber die meisten unserer Hunde haben ähnliche Vorlieben wie Andra. Verdauungsreste von Schafen und Kühen, gern auch von Hühnern und größeren Wildvögeln, weggeworfene Babywindeln, verweste Mäuse, Vogelkadaver und ganz besonders stinkende Fische ziehen sie magisch an. Zunächst wird die Halspartie, dann – wenn Frauchen oder Herrchen

Apportieren – eine wunderbare Beschäftigung für die meisten Jagdhunderassen.

Früh übt sich …

immer noch nichts gemerkt hat – auch noch der ganze Rücken »eingeseift«. Hunde tun dies mit augenfälligem Wohlbehagen und großer Ausdauer – wenn man sie lässt.

Gutgezogene Hunde kommen zwar schnell, wenn man sie ruft, aber sie werden es immer wieder probieren. Schließlich ist es für einen Hund völlig unverständlich, warum wir Menschen seine Begeisterung nicht teilen. Der Blick meines Hundes ist eindeutig missbilligend und verständnislos, wenn ich ihn abrufe.

Es gibt verschiedene Theorien, warum Hunde solche Dinge tun. Die einen meinen, sie wollten damit ihren Eigengeruch übertünchen und sich quasi eine Tarnkappe für die Jagd zulegen. Andere meinen, der aufgetragene Fremdgeruch, gerade im Nacken- und Halsbereich, solle diese für den Hund schwer zugänglichen Körperpartien vor Parasiten schützen. Vergessen Sie diese und andere Theorien. Erstens könnte man sie alle widerlegen, und zweitens löst das unser Problem als Hundehalter auch nicht. Viele Hunde haben einfach diese unappetitliche Vorliebe.

Machen Sie Ihrem Hund deutlich, dass Sie diese Vorliebe nicht teilen, und das Schlimmste kann dann in der Regel – aber eben nicht immer – verhindert werden.

Das ist aber nur ein Teil des Problembereichs »Dreck«. Auch Hunde, die dieses Hobby nicht haben, produzieren eine Menge davon. Fast alle Hunde haaren ständig ein wenig, ganz besonders natürlich beim halbjährlichen Haarwechsel. Langhaarige Exemplare haben entschieden mehr Möglichkeiten, Dreck ins Haus zu bringen, als kurzhaarige, aber auch diese schaffen beachtliche Mengen.

Wenn kein sommerliches Hochdruckwetter herrscht, sieht man es immer, wenn ein gesunder, lebensfroher Hund sein Heim betritt. Es soll Hunde geben, die nach jedem Spaziergang duschen müssen. Es soll auch Hunde geben, die so lange in den Zwinger oder das Gartenhäuschen müssen, bis sie quasi besenrein sind.

Meine Hunde müssen das nicht. Nessy ist sowieso geschafft nach einem schönen Spaziergang. Sie wirft sich meist gleich auf den Boden und fällt in Tiefschlaf. Wenn sie erwacht, hinterlässt sie »Wanderdünen«, die leicht aufzukehren sind. Bei tropfnassem Zustand reicht ein Abrubbeln mit einem alten Handtuch völlig.

Außer Teilreinigungen nach Mistaktionen wurde meine Hündin noch nie gebadet oder geduscht, ebenso wenig wie ihre Vorgänger. Gebadet wird nur im Bach oder See. Nessy und alle unsere Hunde hatten nie Ekzeme, entzündete Talgdrüsen, Haarprobleme oder Schuppen.

SCHÖNER WOHNEN IST OUT ▶

Wenn Sie einen Hund wollen, dann machen Sie sich klar, dass das auch im Bereich des »Schöner Wohnen« Konsequenzen hat und Veränderungen bringt. Wenn Sie das nicht akzeptieren können, wenn ein schmutziger Pfotenabdruck oder ein Haarbüschel sofortigen Reinigungstrieb bei Ihnen auslöst, dann lassen Sie die Sache mit dem Hund besser bleiben. Sie schaffen es mit Sicherheit nicht, Ihren Sauberkeitsstandard zu erhalten, ohne in fürchterlichen Stress zu geraten. Und das scha-

Die meisten Hunde weichen keiner Möglichkeit aus sich einzusauen, doch ein Bad im See löst den gröbsten Dreck.

det Ihnen und dem Hund. Richtige Hunde in unseren Breiten machen einfach viel Dreck. Damit lässt sich umgehen, aber es ist nicht zu verhindern, ohne Ihnen und dem Tier zu schaden.

Was sich verhindern lässt und wozu Sie als verantwortungsbewusster Hundehalter verpflichtet sein sollten, ist die Entfernung von Hundekot von Stellen, an denen er nicht hingehört. Niemand wird etwas sagen, wenn Ihr Hund am Feldrain oder im Wald seine Haufen platziert. So ist es entschieden umweltfreundlicher, als wenn die aufwendigen Plastik- und Pappsets zum Aufnehmen verwendet werden, die es im Handel gibt.

> **Info**
>
> Auf Straßen, in Spielplätzen oder Parks sollten keine Hundehaufen liegen, darüber muss man nicht groß diskutieren. Nehmen Sie immer Plastikbeutel mit. Sie stülpen ihn über Ihre Hand, greifen damit die Hinterlassenschaft und ziehen dann den Beutel mit der anderen Hand darüber, Knoten dran – fertig. Kein Aufwand und kein Ärger – sorgen Sie mit dafür, dass dieses Problem, das einiges zur Hundefeindlichkeit beiträgt, bald entschärft ist!

Eine kurze Pause im Sand sorgt für kleine Wanderdünen in Ihrer Wohnung ...

So spricht Ihr Hund

So spricht Ihr Hund

62	▸	Hunde, die jedes Wort verstehen	65	▸	Schauen Sie mal hin
63	▸	Was Hunde verstehen	67	▸	Schauen Sie mal weg
64	▸	Das will ein Hund von Ihnen	69	▸	Spielend verständigen

▸ **Hunde, die jedes Wort verstehen**

Sie alle kennen dieses anrührende Pärchen: Die alte Dame mit ihrem kleinen Hund, beide etwas mollig und beide offensichtlich tief und eng miteinander verbunden. Wenn diese Dame berichtet, dass Schnuckelchen jedes Wort versteht, ja, dass meist ein Blick ausreicht, so tief sei die gegenseitige Verbindung, erntet sie in der Regel – auch von so genannten Hundekennern – einen mitleidig-ungläubigen Blick.

So wünscht man sich das oft – mein Hund ist voll auf mich konzentriert.

Manche stellen tiefenpsychologische Überlegungen an, um diese unmögliche Feststellung aus der Lebenssituation der alten Dame zu erklären, andere halten das schlicht für verrückt. Dabei stimmt es höchstwahrscheinlich einfach. Nicht direkt in dem Sinne, dass Waldi jede Vokabel, die sie benutzt, versteht, aber eben doch im Sinne einer sehr breiten und intensiven Kommunikation.

Meine Nessy weiß zwar nicht, was die Worte Aktien, Sehnsucht, Mathematik oder Bundeskanzler bedeuten, aber sie kann Dinge, Tiere und Personen, die in ihrem Leben eine Rolle spielen, identifizieren, wenn sie benannt werden. Und ihr »Wortschatz« in diesem Bereich ist erheblich.

Ich habe mal durchgezählt: Andra wusste allein bei achtzehn verschiedenen Hundenamen, wer damit gemeint ist. Zur Gaudi von Gästen nennen wir manchmal die Namen von ihren Lieblingsfeindinnen. Je nach Hundenamen zeigt sie alle Grade der Abneigung bis hin zu wildem Aggressionsverhalten – ohne die entsprechende Hündin zu sehen. Auch bei Rüdennamen spiegelt sich deutlich die Rangfolge an Sympathie an ihrem Verhalten wider. Selbstverständlich kann sie auch entsprechend viele Menschen mit dem jeweiligen Namen verknüpfen.

WAS HUNDE VERSTEHEN 63

Kommunikation zwischen Mensch und Hund hat viele Ebenen ...

Auch alle zentralen Lebensbereiche wie Spielen, Fressen und Schlafen können durch Vokabeln geordnet werden. Aus ihrer reich bestückten Spielkiste bringt Nessy auf Wunsch (und wenn sie Lust hat) das genannte Spielzeug: die Plüschgiraffe, den Pantoffel, den Ball oder den alten Rinderhuf.

Lassen wir es bei diesen Beispielen bewenden. Allein die Vokabelkenntnisse im Bereich fressbarer Dinge würden den Platz, der für dieses Kapitel vorgesehen ist, sprengen. Hunde können also ohne Schwierigkeiten eine Fülle von Wörtern mit Personen, Tieren oder Dingen aus ihrem Lebensbereich sicher verknüpfen.

▶ Was Hunde verstehen

Hunde verknüpfen aber auch sprachliche Beschreibungen mit Tätigkeiten. Wäre das nicht so, wäre jede Ausbildung und Erziehung mit Hörzeichen unvorstellbar. Hunde können aber nicht nur einzelne Tätigkeitsworte mit einer bestimmten erwünschten Handlung verknüpfen, also auf »Sitz« die entsprechende Haltung einnehmen, sie verstehen durchaus auch ganze Sätze oder komplexere Aussagen.

In vielen Hundebüchern lesen Sie, dass Hunde dies eben nicht können. Wir Menschen würden dabei einer Täuschung aufsitzen, weil Hunde so gute Beobachter seien, dass sie an unserem Verhalten diese Dinge ablesen, aber nicht unsere Aussage verstehen. Unsere alte Dame kann diesen Autoren problemlos das Gegenteil beweisen, und nicht nur sie.

Es ist zweifellos richtig, dass unsere Hunde scharfe Beobachter sind. Nessy erkennt, noch bevor ich zum Kleiderschrank gehe, dass ich erstens bald aufbrechen und zweitens sie nicht mitnehmen werde. Genauso sicher ahnt sie, wenn ich überlege, ob ein gemeinsamer Spaziergang ansteht.

Aber daneben gibt es eben doch eine vorwiegend sprachliche Verständigung, die weit über das hinausgeht, was bisher oft von Hundekennern zugestanden wird. Zu diesen »Sprachkenntnissen« gehören also Tätigkeitsbeschreibungen ebenso wie Zustandsbeschreibungen.

Hundekenner und Hundeforscher wissen deshalb so wenig darüber und zweifeln von daher an den Möglichkeiten sprachlicher Verständigung, weil sie eben diese alte Dame und ihren Hund nicht kennen oder nicht kennen lernen wollen. Sie redet nämlich ständig mit ihrem Hund. Sprache ist ein wichtiger Bestandteil des Umgangs. Alle Hunde, die sprachlich intensiv gefordert und gefördert werden, entwickeln erstaunliche Fähigkeiten in diesem Bereich. Das ist eigentlich nur logisch.

Ich spreche unheimlich viel mit allen meinen Tieren, besonders viel mit Hunden, und es zahlt sich immer aus, weil sich ihre Lenkbarkeit erhöht und weil es das Zusammenleben angenehmer macht. Oft werde ich, ebenso wie die alte Dame, belächelt, wenn ich mit meinem Hund rede – weil es eben »nur« ein Hund ist. Für solche Menschen – und leider auch für viele Hundehalter – ist der Hund eben nur »Befehlsempfänger«. Sprache dient nur zum Übermitteln von Hörzeichen.

Da ist klar, dass solche Leute und diejenigen, die es halt nicht besser wissen, die alte Dame und mich für zumindest wunderlich halten. Ich kann damit leben, und ich habe einen Hund, mit dem mich eine tiefe und innige Beziehung verbindet, die nicht nur, aber eben auch durch Sprechen und Sprache entwickelt worden ist.

Der Chef zeigt spielerisch und lustbetont, was er vom jungen Hund erwartet – Leinenruck ist überflüssig.

▶ **Das will ein Hund von Ihnen**
Hunde sind deshalb als einziges Tier eine Partnerschaft mit den Menschen eingegangen, weil sie uns – das ist ihr fataler Irrtum – für einen Artgenossen der besonderen Art halten. Wenn Sie Ihrem Hund ein guter »Hund« sind, hat er alles, was er sich nur wünschen kann, und Sie haben einen Traumpartner auf vier Pfoten.

▶ Ihr Hund will wissen, dass er zu Ihnen gehört und dass Sie ihm zeigen, was Sie von ihm erwarten – er will Sie als seinen Leithund.

▶ Ihr Hund will mit Ihnen zusammen sein und etwas zusammen tun, er ist ein Rudeltier, das darin seinen Lebenssinn sieht – er will nicht weggesperrt und bei Bedarf herausgezerrt werden.

▶ Ihr Hund braucht Ihre Fürsorge für sein körperliches und sein seelisches

Wohlbefinden – er kann erwarten, dass Sie sich über artgerechte Beschäftigung, Ernährung und Gesundheitsvorsorge kundig machen und diese anwenden.

▶ Ihr Hund hat keine Wahl, wenn Sie ihn kaufen oder übernehmen – er darf erwarten, dass Sie ihn nicht verraten.

▶ **Schauen Sie mal hin**
Ganz selbstverständlich erwarten wir, dass unser Hund – natürlich nach einer gewissen Eingewöhnungszeit – Sätze versteht wie zum Beispiel: »Ich geh kurz Einkaufen, bleib brav, mach keinen Mist und sei leise!«

Viele von uns halten es aber für völlig entbehrlich, sich mit der »Sprache« des Hundes zu beschäftigen. Bei einem Vortrag gingen auf Nachfrage kürzlich die meisten anwesenden Hundebesitzer davon aus, dass Schwanzwedeln bei ihrem Hund ein Zeichen von freundlicher, friedlicher und gelöster Stimmung ist. Ob das die betroffene Feldmaus auch so sieht, wenn über ihr der wedelnde Crissu steht? Wenn Rex nebenan auf seinem Zaun steht, bellt und heftig wedelt, würde ich ihn auf keinen Fall anfassen. In netter Stimmung ist er dann keinesfalls.

Während des gleichen Vortrags scheiterten viele Hundebesitzer immer wieder, wenn sie aufgefordert wurden, die Mimik eines Hundes zu beurteilen. Und sie scheiterten schon überhaupt, wenn sie außer dem Hundekopf auch noch andere »ausdrucksstarke« Körperregionen und die Körperhaltung insgesamt im Blick behalten sollten.

Ihr Hund spricht aber damit: Mit Ohren und Augen, mit Maul und Nase(nrücken), mit Rute und Rücken, mit Haltung und nur ganz wenig mit seiner Stimme. Wie Ihr Hund spricht, das sollten Sie wissen, und Sie sollten wissen, dass der Hund sehr schnell »spricht«. Verhaltensabläufe gehen in

Beißt der Welpe oder zieht er an der Chefin? Lernen Sie die Hundesprache wie der Hund Ihre.

Eine Hunderasse, deren Outfit die Körpersprache kaum erkennen lässt.

Sekundenschnelle – verstehen wir nicht zu sehen, dann passieren schnell Beißereien und andere unangenehme Dinge, die vermeidbar wären.

Die Geschichte der Hundehaltung hat eine Unzahl von Hunde(rassen) hervorgebracht. Vieles daran ist für das Verstehen unserer Hunde nicht sonderlich hilfreich. Hunde, denen die Ruten amputiert wurden, können nicht wedeln. Hunden, denen man vor Zottelfell nicht in die Augen sehen kann, fehlt ein wichtiges Kommunikationsmittel, um sich mit uns zu verständigen. Hunde, denen man die Gesichtsmimik fast abgezüchtet hat, damit der Gegner im Hundekampf nicht so leicht reagieren kann, können sich auch sonst im Leben nur schwer mitteilen. Hunde, denen man Haartrachten angezüchtet hat, die ständig den Eindruck von ängstlichem bzw. aggressivem Fellsträuben vermitteln, haben zwar mit uns oft kein Problem, weil wir das ja gar nicht bemerken, sehr oft aber mit anderen Artgenossen, die diese angeborene Frisur für einen Ausdruck halten, auf den sie reagieren müssen.

Es ist nur unseren prima Hunden zu verdanken, dass so wenig passiert. Es ist unglaublich, zu welchen Fehldeutungen des Ausdrucksverhaltens Hundehalter noch nach dem vierten Hund in der Lage sind. Und dass sie dazu in der Lage sind, kann man ununterbrochen erleben, denn Hundehalter erklären jedem gerne und ausführlich, was ihr Hund gerade »denkt« oder »sagt«.

> **TIPP**
> *Nehmen Sie sich Zeit und beobachten Sie aufmerksam Ihren Hund. So bekommen Sie ein Gefühl für seine Sprache und lernen schnell die »ersten Vokabeln«.*

Es gibt inzwischen anschauliche Literatur zum Thema, wie der Hund sich ausdrückt. Leider noch nicht genug. Die netten Bilderfolgen in Hundebüchern, bei denen die Mimik von friedlich bis aggressiv gezeichnet ist, sind ein Einstieg. Aber erstens sind die dargestellten Hunde meist wolfsähnlich – also so wie nur noch wenige unserer Hunde aussehen, und zweitens ist leider oft nur der Kopf abgebildet. Trotzdem sollten Sie sich kundig machen. Wenn Sie die Bücher von Verhaltenskundlern lesen, werden Sie sehen, dass das eine hochinteressante Lektüre ist und dass Sie sicherer im Umgang mit Ihrem und vor allem auch mit fremden Hunden werden.

Der Ausdruck von Hunden ist nicht schwer zu verstehen, weil zumindest ihre Gesichtsmimik der unseren gleicht – schließlich sind wir ja eigentlich auch Raubtiere. Wenn wir beschwichtigen, ziehen wir unsere Mundwinkel genauso zurück, wie Asta das tut. Wenn wir stark drohen, spitzen wir auch den Mund und kräuseln die Nase. Auch unsere Körpersprache ist – wenn man den aufrechten Gang einbezieht – ähnlich. Eigentlich müssten wir ja unsere Hunde sofort und problemlos verstehen. Wir tun es nicht, weil wir auf unsere Körpersprache schon lange nicht mehr achten.

Wir Menschen denken, das Wort und die Sprache sei alles, was wir zur Verständigung brauchen. Dass dies nicht so ist, beginnen wir erst langsam wieder zu begreifen. Erst in den letzten Jahren lehren uns Psychologen, Managementtrainer und Volkshochschulkurse wieder, dass wir eine Körpersprache haben, dass wir sie ständig benutzen und wie man sie gezielt einsetzen kann.

Es ist prima, dass unsere Hunde so schnell unsere Sprache lernen. Für ein befriedigendes und möglichst konfliktfreies Zusammenleben zuhause und draußen ist es aber unerlässlich, dass Sie sich ebenfalls die Sprache Ihres Hundes aneignen. – Eine ganz fremde Sprache ist das nicht, vieles kennen wir wie gesagt schon von uns und unserer Körpersprache und wenn nicht, lernen wir uns selbst dadurch sogar noch ein Stück besser kennen.

▶ **Schauen Sie mal weg**

Ein klassisches Beispiel dafür, wie einfach die Kommunikation mit dem Hund ist und wie sehr sie eigentlich unserer (Körper)Sprache gleicht, ist das Anschauen. Sie alle kennen diese Situation: Ein Mensch mit Hundeangst will an Ihnen und Ihrem Hund vorbeigehen. Panisch starrt er Ihren Hund an und blickt sich sogar noch eine Zeit lang um, nachdem er schon vorbei ist.

Besser als Beschimpfung, Tritte und andere altbackene Empfehlungen ist das Ignorieren unerwünschten Verhaltens.

Erwünschtes Verhalten wird bestätigt und belohnt, zum Beispiel mit einem Spiel.

Könnte Ihr Hund wie er wollte, würde er sicher Kontakt zu diesem Menschen aufnehmen. Je nach Temperament Ihrer Ciara ist das eine sehr nachhaltige Form des Kontakts. Oder ein anderes Beispiel: Timo springt vor Begrüßungsfreude an Ihnen beziehungsweise Ihrem Businessdress hoch. Wütend starren Sie ihn an und fordern sofortiges Unterlassen der schmutzigen Attacken. Timo macht weiter und ist nur schwer zum Ablassen zu bewegen.

Beides Beispiele für unser Ausdrucksverhalten, das ein Hund ganz anders deutet, als wir es meinen. Anschauen oder gar Anstarren ist für Ciara und Timo nämlich eine nachhaltige Aufforderung zum Kontakt – freundlichem und oder unfreundlichem. Anschauen bedeutet nicht: »Lass mich in Ruhe, ich will nix von dir!«

Ist doch klar, so machen wir das doch unter uns Menschen auch: Wegschauen heißt – kein Interesse an Kontakt. Sie kennen das doch noch aus Ihrer Schulzeit: Wissen Sie noch, wie intensiv Sie da von Ihrem Lehrer weggeschaut haben, wenn Hausaufgaben abgefragt wurden und Sie Ihren Job nicht gemacht haben? Sie kennen doch auch die Situation in der Familie, wenn Mutti sagt: »man müsste...« und »wer macht...«.

Teile unseres Verhaltensrepertoires funktionieren auch bei Hunden, weil sie sich genauso verständigen. Wir wenden sie bei ihnen nur nicht an, dabei wären damit zahlreiche Probleme schlagartig erledigt, weil Herr und Frau Hund uns so schnell und perfekt verstünden. Wenn Mensch uns nicht anschaut, will er nix von uns – okay! Meistens jedenfalls ist es dann okay. Bei dem freudigen Begrüßen hilft das nicht immer. Aber im Alltag mit unseren

Hunden wäre Wegschauen oft ein einfacheres und wirkungsvolleres Verständigungsmittel als umständliche Erklärungen oder Handlungsabfolgen, die dem Hund deutlich machen sollen, dass wir gerade keine Zeit für ihn haben.

zu sein oder doch nicht, denn Knurren und atemlose Drohungen wie »Warte nur, gleich hab ich dich!« sind zu hören. Es ist keineswegs der aussichtslose Versuch, einen außer Kontrolle geratenen Kampfhund zu bändigen. Biegt man nämlich die Hecke auseinander,

Spielen ist ein ganz zentrales Mittel der Beziehungsarbeit mit Ihrem Hund.

Wow – sein ist die Beute!

▶ Spielend verständigen

»Denn, um es endlich einmal herauszusagen, der Mensch spielt nur, wo er in voller Bedeutung des Wortes Mensch ist, und er ist nur da ganz Mensch, wo er spielt.« (Friedrich Schiller: Über die ästhetische Erziehung des Menschen. 15. Brief)

SPIELEN MACHT FREU(N)DE ▶

Hinter der Hecke in Nachbars Garten ist anscheinend die Hölle los: tiefes drohendes Geknurre, helles Bellen, dumpfe Schläge, dann wieder Lachen, wieder Bellen. Irgendjemand scheint gestürzt

Kinder und Hunde können Dreamteams sein, wenn Sie beiden die Spielregeln klarmachen.

sieht man einfach nur Paule, den kleinen Wuschelhund und sein Herrchen im wilden Spiel durch den Garten jagen. Das tiefe Knurren kommt übrigens von Herrchen!

SPIELEN MACHT SPASS ▶ Paules Herrchen ist ein Ingenieur, der an wichtigen, zukunftsweisenden Entwicklungen in der Autoindustrie mitarbeitet – trotzdem rast er wie irre im Garten mal hinter, mal vor seinem Hund her, wedelt mit einer Baumwollkordel, knurrt, lacht, macht absurde Bewegungen und sieht ausgesprochen glücklich aus. Paules Herrchen spinnt nicht, Paules Herrchen spielt eines der vielen lustigen Hundespiele.

Bei diesen Hundespielen geht es um ganz ähnliche Dinge wie bei den Menschenspielen: man spielt z.B. Jäger und Gejagter. Man versteckt sich, schlägt Finten, man versucht, den nächsten Zug des »Gegners« vorherzusehen und entsprechende Gegenmaßnahmen zu ergreifen. Man freut sich riesig, wenn ein solcher Schachzug gelingt. Man ist Sieger und Besiegter – und das ist das Schöne am Spiel: man kann die Rollen auch tauschen, freiwillig und nur zum Spaß. Rollenspiele – eine der schönsten Spielarten für Mensch und Hund. Oftmals wechselt sogar unser Spielpartner Hund die Rollen schneller als wir denken, und aus dem gefährlichen Verfolger wird die ängstliche Beute, die zum Nachsetzen auffordert.

Spaß haben und Spielen ist eine Leidenschaft von Hunden, den ewigen Kindsköpfen an unserer Seite. Spaß haben und Übermut und Freude an sich selbst erleben, das lehren sie uns, das sollten wir von ihnen lernen und dazu sind die Spiele, die Hunde mit uns spielen, ganz wunderbar geeignet.

SPIELEN TUT GUT ▶ Blacky, der Hund meiner Kinderzeit, hat sicherlich

Spiel kann auch Konflikte vermeiden helfen und bereitet oft den Flirt vor.

Paules Herrchen spielt mit Hingabe und lautstark und geniert sich nicht, denn er hat großen Spaß an dem Unsinn, den sein Hund und er da treiben. Geschafft genehmigen sich beide nach Abpfiff durch Frauchen einen Longdrink, zwei Freunde, zwei Partner, die sich so gut verstehen, dass sie mit Spaß und Freude miteinander spielen können. – Leider gibt es das bei Erwachsenen oft nur mit einem Hund, nicht so oft mit einem anderen Menschen.

vieles ertragen müssen, aber er war mit großem Einsatz bei unseren Spielen dabei: Als mein »Bruder Schwarze Pfote«, wenn wir als Indianer(innen!) auf dem Kriegspfad durch die Fliederhecke robbten, als Jagdpartner auf nicht vorhandene Büffel, nicht so begeistert, aber immerhin annähernd perfekt, spielte Blacky auch Rintintin, die damalige Kinoversion des modernen Kommissar Rex. Sitz und Platz und Robben und Umfallen und Spuren suchen und verlorene Dinge finden und sich als

Spielend die Umwelt erobern und Selbstbewusstsein dabei entwickeln

»böser« Hund verstellen und einen Gegenstand bringen, das alles war gar kein Problem für Blacky.

▶ **TIPP**

Für einen Hund, der nicht in irgendeinem Dienst steht, sondern vor allem und allein unser Freund und Begleiter ist, sollte es so viel wie irgend möglich Spaß und Freude geben. Wenn wir uns darum bemühen, geht es uns auch gut.

Wenn man dann »groß« wird, darf es kein Spiel mehr sein, dann gilt nur noch Arbeit. King, mein hundlicher Begleiter während des Studiums, lernte Sitz und Platz und all die Dinge, die ein Hund können sollte, ohne Spaß, nicht im Spiel, sondern als »Arbeit«. Armer King! Spaß gab es nur nach erfolgter Arbeit. Arbeit war nicht Spaß. Es gab keinen Hund in meinem Leben, der so wenig konnte, so »ungezogen« blieb und so schlecht lernte.

Von Hunden sollten wir und können wir lernen, dass Arbeit und Spaß haben das gleiche sein sollten. Im Arbeitsleben geht das bei vielen gar nicht und oft nicht immer. Im Leben mit unserem Hund sollte es aber unsere Verpflichtung sein.

Spielen tut gut, vor allem und gerade uns erwachsenen menschlichen Hundepartnern. Unser Hund liefert uns den allerschönsten Vorwand, uns spielerisch gehen zu lassen. Wenn Nessy zitternd vor freudiger Erregung abliegt, während ich irgendwo im Wald ihre Beißwurst verstecke, kümmert sich keiner drum. Auch nicht, wenn Nessy und ich einen Freudentanz aufführen, wenn sie ihr Spielzeug gefunden hat. Einen Hund haben, heißt spielen dürfen, ohne komisch angesehen zu werden. Nutzen Sie das aus – Spielen tut Ihrem Hund gut und Spielen tut Ihrer Seele gut.

SPIELEN MACHT KLUG ▶ Spielen macht aber vor allem klug. Spielen fordert, wenn man es richtig macht, wenn man seinen Hund nicht überfordert und wenn man ihn nicht langweilt, nämlich jede Menge Grips. Ihr Hund platzt fast genauso vor Stolz wie Sie, wenn er eine Aufgabe verstanden und gelöst hat. Mit jedem neuen Spiel, das er versteht, wächst seine Fähigkeit zu lernen. Mit jeder neuen spielerischen Aufgabe, die Sie stellen und die Ihr Hund löst, wird Ihr Hund klüger. Das ist gut für Ihn, denn er führt ein erfülltes Leben, wenn er spielend Aufgaben lösen darf.

Spielen macht aber auch Sie selbst klüger, denn Sie lernen »spielend«, wie man sich am besten mit seinem Hund verständigen kann, wie er am schnellsten versteht, was man von ihm erwartet. Sie lernen aber auch, wo die Grenzen des Hundes sind, über die er nicht hinaus kann; und Sie lernen nicht zuletzt auch, welche Regeln man auch im Spiel nicht verletzen darf, wenn man die Partnerschaft mit dem Hund nicht gefährden will.

Im Spiel und durch das Spiel werden Sie auch zum anerkannten Boss, zum geschätzten Leittier für Ihren Hund – wenn Sie denn alles richtig machen.

Spielende Hunde sind kluge Hunde. Gut möglich, dass ihnen schnell irgend-

Für Welpen ist das Spiel mit Artgenossen unersetzlich – Sie müssen das für Ihren Welpen organisieren.

Erst die Begrüßung ...

... dann ein wildes Spiel!

welche so genannten Unterordnungsübungen langweilig werden. Kluge Hunde brauchen kluge Menschen – Kreativität, Phantasie, Einfühlungsvermögen braucht man dann schon, um einen Hund bei der Stange zu halten. Und genau das sind die Fähigkeiten, denen die Zukunft gehört. Also spielen Sie mit Ihrem Hund!

Es gibt inzwischen schon mehrere Bücher, die Ihnen Anregungen geben, falls Sie nicht (mehr) wissen, was schöne Hundespiele sind. Eigentlich schade, dass man heute solche Bücher braucht, aber gut, dass es sie gibt. Schauen Sie mal rein, man lernt dort auch einiges über gelungene Beziehungen zwischen Mensch und Hund, wie man einen Hund zur Aufgabenlösung führen kann und auch: wo Spiel in gefährlichen Ernst umschlagen kann.

Unsere Hunde therapieren uns in vielfältiger Weise, das ist ja schon durch umfangreiche wissenschaftliche Studien abgesichert. Hunde als Spieltherapeuten ist sicherlich eine der schönsten Seiten unserer Beziehung. Das fördert das körperliche Wohlbefinden sowie die gute Laune und spart so manchen Besuch beim Psychotherapeuten. Also ganz im Ernst: haben Sie so viel wie irgend möglich Spaß mit Ihrem Hund, spielen, spielen, spielen Sie!

So bleibt Ihr Hund gesellschaftsfähig

So bleibt Ihr Hund gesellschaftsfähig

76 ▸ Beißt Ihr Hund?	80 ▸	Hundebesitzer haben viele Gesichter
78 ▸ Versteh' einer die Menschen	84 ▸	Einander fair begegnen
79 ▸ Der Hund – Staatsfeind Nr. 1	85 ▸	Spazieren gehen für Anfänger

▸ **Beißt Ihr Hund?**
Es passiert mir immer wieder: Ein fröhliches Kind stürzt auf uns zu und während es vergnügt Nessys Kopf streichelt oder klopft, fragt es, ob Nessy beiße.

Aus Hundesicht stellt sich der Vorgang so dar: Ein unbekannter »Artgenosse« stürzt in undeutlicher Absicht auf einen zu und fasst einen unerlaubt am Kopf an – einer Körperpartie, die eigentlich nur vertraute und ranghöhere Rudelmitglieder in dieser Weise berühren dürfen. Aus Hundesicht ist dieser Vorgang eine Unverschämtheit und müsste eigentlich durch einen strengen Verweis geahndet werden. Glücklicherweise tun das nur wenige Hunde. Gute Zucht und artgerechte Aufzucht haben, vor allem bei den größeren Hunderassen, die Reizschwelle hochgesetzt. (Reizschwelle bedeutet die Grenze von Umweltreizen, die auf den Hund einwirken können, ohne dass bei ihm aggressives Verhalten freigesetzt wird.) Wäre das nicht so, gäbe es täglich unzählige »Unfälle« mit Hunden.

HUNDEN »RICHTIG« BEGEGNEN ▸
Natürlich sorgen wir dafür, dass unser Hund keine Gefahr für andere Menschen darstellt. Grundsätzlich ist mit Kindern die Angelegenheit meist schnell zu klären: Man fragt sie, wie es ihnen gefallen würde, wenn wildfremde Menschen auf sie zustürzen und sie knuddeln und streicheln würden.

Kinder sind vernünftig, ihnen leuchtet der Vergleich ein, und man kann mit ihnen besprechen, wie man sich einem Hund am besten nähert, ohne ihn zu verunsichern oder ihm Angst zu machen und damit sich selbst eventuell zu gefährden.

Schade um jedes Kind, das nicht mit einem Hund aufwachsen darf.

Mit Erwachsenen ist das meist sehr viel schwieriger. Ein Hund, der sich nicht streicheln lässt, ist für die meisten ein bissiger Bursche.

Ich finde es durchaus in Ordnung, wenn mein Hund sich nicht gerne von Fremden anfassen lässt. Die menschliche Hand ersetzt in der Beziehung Hund – Mensch die Hundeschnauze. Wenn wir unseren Hund streicheln oder kraulen, benutzen wir unsere Hände wie Hunde ihre Schnauze.

Bei meinen Welpen lege ich oft meine Hand über die Schnauze, so wie die Althündin es mit den Jungen macht, um einerseits Überlegenheit und andererseits Schutz und Geborgenheit zu signalisieren. Und Jahre später reicht dieser Griff, um meinen Rang deutlich zu machen. Andererseits stupsen meine Hunde oft ihre Schnauze in meine Hand, um diesen Griff zu provozieren. Die an die Bauchunterseite meiner Hündin gelegte Hand beruhigt sie fast augenblicklich oder entspannt sie, falls sie mal ein Wehwehchen hat.

HUNDEETIKETTE BEACHTEN ▶

Sie sehen, dass die Berührung mit der Hand eine große Bedeutung in der Beziehung zu Hunden hat. Im Umkehrschluss wird deutlich, was die Berührung durch einen Fremden bedeutet. Bevor ein Fremder den Hund berühren darf, sollte er schon die Hundeetikette einhalten: Dazu gehört, dass Sie also erst mal in aller Ruhe die Hand beschnuppern lassen, solange der Hund eben braucht, und dann an Schulter oder Halspartie »Kontaktschnuppern«. Jeder gute Tierarzt macht das so, und er ist einer der wenigen Fremden, deren Berührung jeder Hund dulden lernen muss.

> **Grundregeln**
>
> Grundregeln für die Hundebegegnung
> Vor allem anderen: den Hundebesitzer fragen, ob man zu dem Hund hin darf und dann
> 1. Nicht auf den Hund zurennen,
> 2. den Hund nicht anstarren,
> 3. den Hund erst mal Geruchskontakt aufnehmen lassen,
> 4. sehen, wie er reagiert,
> 5. nicht gleich am Kopf streicheln, sondern mit Hals oder Flanke beginnen.

Beim eigenen Hund wirkt der Schnauzengriff nicht nur tadelnd, sondern auch beruhigend.

Sie wissen aber natürlich, dass die meisten Leute keine Ahnung von Hunden haben. Brenzlige Situationen entstehen häufig, auch wenn Sie einen wirklich gutmütigen Hund besitzen und Ihren Hund gut erzogen haben. Kinder, die unbeabsichtigt Ihren Cato quälen, gibt es immer. Wenn Cato dann die Kinder auf bewährte Hundeart zurechtweist, gibt es zum Glück zwar meistens keine ernsthaften Verletzungen, weil Cato seinen Biss sehr wohl dosieren kann, aber es ist auf jeden Fall besser, vorzubeugen und es erst gar nicht dazu kommen zu lassen.

Seien Sie also nicht immer allzu bereitwillig, wenn Fremde Ihren Cato streicheln wollen. Cato empfindet es sicherlich als Zumutung. Ihr Verhalten würde den gedankenlosen Umgang mit Hunden unterstützen, der Kindern den Eindruck vermittelt, dass alle Tiere Streicheltiere sind – ständig verfügbar, ohne eigenen Willen und ohne Zähne.

Wir haben uns mit unserem Hund ein Stück Natur an die Seite geholt. Deshalb haben wir auch die Verantwortung, unser Wissen um die Andersartigkeit und die Bedürfnisse dieser Art an andere weiterzugeben, wenn sie sich gedankenlos oder falsch verhalten.

▶ **Versteh' einer die Menschen**
Von hinten nähert sich ein Fremder. Mit angewinkelten Armen, den Oberkörper leicht vorgebeugt, schneller Schritt, leises Keuchen. Er holt auf, ist gleichauf: Ihr Hund beachtet ihn nicht weiter, für ihn ist alles im grünen Bereich. Natürlich weiß Cliff nicht, dass der Bewegungsablauf »Walking« heißt. Aber Cliff und alle anderen braven mitteleuropäischen Hunde haben gelernt, dass man solche Menschen nicht stel-

len, nicht verbellen und schon gar nicht beißen soll. Sie verhalten sich neutral, obwohl sie eigentlich diese Bewegungsform als Bedrohung empfinden müssten, auf die es deutlich zu reagieren gilt. Eine Selbstverständlichkeit ist diese Gelassenheit nicht. Überlegen Sie selbst mal, wie der erste Eindruck eines Walkers, einer Joggerin, eines Bikers oder gar einer Inlineskaterin auf den Beutegreifer an Ihrer Seite eigentlich wirkt. Es ist im Grunde unglaublich, wie die meisten Hunde mit diesen Umweltreizen umgehen.

Aber nicht nur die modernen Sportarten fordern unsere Hunde heraus. Denken Sie einmal darüber nach, was wir unseren Hunden beim Gang durch

be verhalten. Dass sie nicht das tun, wozu sie aufgrund ihres Hundseins eigentlich motiviert sind. Sie sollen nicht jagen, nicht angreifen, nicht drohen, nicht bellen, nicht fliehen – sie sollen ja, sie sollen bellen, sie sollen angreifen, sie sollen fliehen, wenn wir oder unsere Umwelt das für richtig halten. Und es wird immer mehr, was wir von unseren Hunden verlangen.

Wissenschaftler haben kürzlich in einer Pressemitteilung erklären lassen, was jeder Hundebesitzer seit Anfang aller Hundehaltung weiß: Hunde sind diejenigen Lebewesen, die am besten den Menschen verstehen können. Wir machen es ihnen nicht leicht, nein, wir machen es ihnen von Jahr zu Jahr immer schwerer.

Die Art, wie wir leben, wie wir unsere Freizeit verbringen, macht es den Hunden nicht leicht und die Art, wie Hunde in unserer Gesellschaft wahrgenommen werden, macht alles nur noch komplizierter. Es liegt an jedem von uns, seinen Hund so zu sozialisieren, dass er in dieser schwierigen Situation möglichst hundegerecht leben kann.

Umweltreize fordern viel von unseren Hunden – die meisten nehmen's gelassen oder machen sogar mit.

▸ **Der Hund – Staatsfeind Nr. 1**
Der Sommer 2000 markiert einen Wendepunkt in der gesellschaftlichen Bewertung des Hundes in unserem Land. Nachdem ein Hamburger Junge von zwei Pitbulls getötet wurde, begann in Deutschland eine unsägliche Verteufelung und Reglementierung der Hundehaltung. Jeder kennt inzwischen die albernen Rasselisten. Viele haben im alltäglichen Leben die negativen Auswirkungen gespürt. Viele Hunde verloren ihre Besitzer und landeten in Auffangstationen oder gleich im Hundehimmel. Leinenzwang, Maulkorb-

ein durchschnittliches Einkaufszentrum abverlangen: Gerüche, Geräusche, Lärm, andere Menschen und andere Hunde, die uns ganz dicht auf sind, Bodenbeläge der unterschiedlichsten Art und viele Menschen, die alle nichts von anständigem Verhalten gegenüber Hunden verstehen. Mittendrin Sie und Ihr vierbeiniger Engel, der nicht knurrt, wenn ihn jemand begrabscht, der nicht ängstlich den spiegelglatten Fliesen ausweicht, der nicht den anderen Hund anbellt, der ihn unter dem Grabbeltisch hervor fixiert.

Wir verlangen unseren Hunden sehr viel ab. Wir verlangen in unendlich vielen Situationen des Alltags, dass sie sich gegen ihre eigentlichen Antrie-

zwang in Bahnen, Hundehysterie in der Öffentlichkeit, alle haben wir das erlebt. Schlimmer noch: eine ganze, recht große Gruppe unserer Gesellschaft, die so gut und so schlecht ist wie andere auch, wurde diskriminiert. Hundehalter wurden zu Außenseitern gemacht, Hunde verteufelt. Das Rechtsstaatsprinzip, bei dem bis zum Beweis des Gegenteils die Unschuldsvermutung gilt, wurde für Hunde und ihre Halter umgekehrt. Die Unverletzlichkeit der Wohnung gilt zwar selbst für polizeibekannte Mafiosi, nicht aber für Menschen, die bestimmte Hunderassen halten.

All das geschieht, obwohl jeder Wissenschaftler, jeder Hundekenner und jeder fair prüfende Mensch erkennt, dass die Verordnungen und Gesetze nicht die treffen, die Hunde missbrauchen, sondern unbegründet und ungerichtet die Lebensbedingungen gesetzestreuer Bürger und ihrer Hunde massiv verschlechtern.

Wie leider so oft in der Politik hat man – im Schnellschuss – irgendetwas getan, um etwas zu tun. »Voll daneben«, wie die Jugendlichen das so treffend ausdrücken, voll daneben liegt das Problem der kriminellen Hundehaltung, die Tiere missbraucht – und dieses ist nicht gelöst, es wurde noch nicht einmal thematisiert.

Wir alle zusammen werden durch unser Auftreten den angerichteten Schaden abtragen müssen. Das Klima für Hundehalter und Hunde ist rauer geworden in Deutschland. Wir müssen gemeinsam für eine Klimaerwärmung sorgen. Ich mache Ihnen ein paar Vorschläge, die dazu beitragen können.

▸ **Hundebesitzer haben viele Gesichter**

Hundebesitzer haben viele Feinde gemeinsam: Hundehasser aller Art auf der Straße, in Wald und Flur, in Rathäusern und Ministerien und die vielen Heimlichtuer, die sich nicht zu erkennen geben.

Sie gehören zusammen, das kann keine Hundeverordnung der Welt ändern!

Auch Hundebesitzer mit großen und kleinen Hunden können gesellig miteinander spazieren gehen.

Hundebesitzer haben viele Interessen gemeinsam: Bewegungsfreiheit für Hunde in der Gesellschaft, deren Teil sie sind, keine Hundesteuer und schon gar keine Kampfhundesteuer, Förderung und Ausbau der Forschung über das Haustier Hund, Spielraum für Hunde und vieles mehr.

Hundebesitzer wären eigentlich die passende Gruppe für die Bildung einer Gewerkschaft oder Genossenschaft. Aber Pustekuchen!

Gemeinsame Interessen hin oder gemeinsame Gegner her – Hundebesitzer teilen sich in ein kompliziertes Gefüge von Schichten und Klassen – und einig sind sie sich selten.

Wer kleine Hunde mag, versteht überhaupt nicht, was andere an den Kolossen finden, die allein schon durch ihre Größe die Kleinen zu bedrohen scheinen. Großhundefans finden, dass ein Hund erst ein Hund ist, wenn er mindestens eine bestimmte Schulterhöhe hat. Beide Gruppen halten die »andere« jeweils für unfähig, Hunde zu erziehen.

Kleinhundebesitzer und Großhundebesitzer haben ganz genaue Vorstellungen davon, warum der jeweils andere inkompetent (beide), überängstlich (der Kleine), rücksichtslos (der Große), giftig (der Kleine), aggressiv (der Große), jedenfalls absolut überflüssig auf den jeweils bevorzugten Spazierwegen ist.

Rassehundeliebhaber sehen in Hunden anderer Rasse manchmal nur Geschöpfe zweiter Klasse. Mischlingsbesitzer schwören auf ihr Unikat. Menschen, die Hunde aus Tierheimen geholt haben, halten sich für die einzig wahren Hundefreunde und verstehen nicht, warum manche sich Welpen von Züchtern holen.

Die Pädagogen unter den Hundehal-

Für jeden Hundebesitzer ist der eigene »Purzel« das Wichtigste und Liebste.

tern erziehen ihren Hund ununterbrochen und alle anderen Hundebesitzer, denen sie begegnen, gleich mit. Die Unbesorgten unter den Hundemenschen scheren sich einen Teufel um Erziehung und gehen davon aus, dass sich schon alles regelt – irgendwie. Die »ich und mein Hund«-Menschen empfinden alle anderen Hund-Menschen-Teams als Einschränkung ihrer Bewegungsfreiheit. Die Allerweltsfreunde und ihre Allerweltshunde stürzen freundlich auf jeden zu und sind befremdet, wenn sich nicht jeder freut. Die Bildergalerie von Menschen mit ihren Hunden ist endlos.

Menschen mit Hunden sind eben so verschieden, wie Menschen eben sind. Nicht zuletzt deshalb haben sie ja in der Geschichte der Mensch-Hund-Beziehung eine Vielzahl von Hunderassen gezüchtet, so dass jeder Topf sein Deckelchen finden kann. Aber richtig gut verstehen sich die Menschen nicht allein deshalb, weil sie alle einen Hund mögen.

Gehen Sie einfach davon aus, dass jeder Hundebesitzer zunächst und vor allem seinen Hund liebt und sonst keinen. Der eigene Hund ist natürlich der klügste, der schönste, der interessanteste. Der eigene Hund hat in der Auseinandersetzung mit anderen Hunden stets richtig gehandelt. Er wird egal ob »Opfer« oder »Täter« stets von seinem Menschen entschuldigt und viele Freundschaften sind nach einer Hunderauferei schon in die Brüche gegangen.

Man sagt, Hundebesitzer sind gesellig, weil man sie oft in Gruppen sieht. Man sagt, sie sind einfühlsam, was man allein daran sieht, dass sie sich ständig auf eine andere Art einstellen. Man sagt Hundebesitzern nach, dass sie besonders kommunikativ sind, denn sie deuten ja nicht nur die Signale einer anderen Art richtig, sie können sich auch mit ihr verständigen und mit ihr kooperieren – wenn das nicht ein Nachweis höchster kommunikativer Kompetenz ist! Stimmt alles, aber am liebsten spricht der durchschnittliche Hundehalter über seinen eigenen Hund: wie er zu Purzel kam, wie dieser die erste Nacht zuhause verbracht hat, wie klug er ist (hunderte von Beispielen), welche lustigen Streiche er schon gespielt hat (ebenfalls mindestens hundert Beispiele), welchen Mist er gebaut hat (zwei bis drei Beispiele), was er gerne frisst, was er nicht gerne frisst ...! Hundebesitzer sind leicht in der Lage, jede durchschnittliche Oma und deren Enkel-Geschichten um Längen zu überbieten.

Hundebesitzer können vieles und sind vielfältig, aber sie haben es bis heute nicht geschafft, ihre große Zahl in gesellschaftliche Macht umzusetzen. Die »organisierten« Hundehalter in Verbänden und Vereinen sind die Minderheit. Wenn man pro Hund mindestens zwei erwachsene Menschen rechnet, die ihm verbunden sind, wäre das ein Wählerpotential, das jede Regierung zu fürchten hätte. Würden wir unsere Gemeinsamkeiten als Hundehalter in politische Macht umsetzen, könnte vieles nicht geschehen oder zumindest nicht so geschehen. Die gesetzliche Diskriminierung von Hundehaltung und die gravierende Verschlechterung der Lebensbedingungen von Hunden in einigen deutschen Bundesländern hätte nicht stattgefunden.

Erst als die Arbeiter im vorletzten Jahrhundert erkannt hatten, dass sie nur vereint ihre Lage verbessern konnten, wurden ihre Lebensbedingungen tatsächlich besser. Gemeinsam wären auch wir Hundebesitzer stark. Denn wir haben vor noch nicht allzu langer Zeit gesehen, dass gesellschaftliche Abwertung eben nicht nur eine bestimmte Hunderasse oder Hunde bestimmter Größe trifft, sondern dass letztlich alle betroffen sind und unter den Folgen leiden müssen. Wohlmeinende Appelle, Aufklärungskampagnen und Sympathiewerbung sind daher besonders wichtig, beeindrucken und beeinflussen können in unserer Gesellschaft aber nur organisierte Massen. Wir sind viele, aber wir nutzen dies nicht für unsere Hunde – schade, dabei haben wir trotz unserer Unterschiede das Allerwichtigste gemeinsam – die Liebe zum Hund.

Wir sollten gemeinsam dafür sorgen, dass sich die Lebensbedingungen für Hunde in unserer Gesellschaft nicht weiter verschlechtern.

▸ **Einander fair begegnen**

Mindestens einmal im Monat gibt es einen Leserbrief in der Tageszeitung, in dem sich Jogger oder Radfahrer über die rücksichtslosen Hundebesitzer beklagen. Noch nie habe ich einen Leserbrief eines Hundehalters gesehen, der sich über die rücksichtslosen Radfahrer oder Jogger beklagt. Dabei gäbe es dafür mindestens genauso viel Grund. Viele Missverständnisse und Missgeschicke bei der Begegnung von Hunden und Freizeitsportlern würden nicht geschehen, wenn die Hundebesitzer die Chance hätten, ihren Hund zu sich zu rufen. Wie soll das aber gehen, wenn der Radfahrer, der sich von hinten im flotten Tempo nähert, nicht mal klingelt, um sich bemerkbar zu machen? Ich selbst bin oft schon heftig erschrocken, wenn so ein Radler dicht an mir vorbeipreschte. Und eigentlich – eigentlich wäre es dann ganz normal, dass mein hundlicher Bodyguard von seinem Studium der Streuobstwiese ablässt, mir zur Hilfe eilt und den frechen Angreifer stellt. Soll er nicht, klar und glücklicherweise haben die meisten Hunde gelernt, dass die Hilfeleistung in diesem Fall nicht erforderlich ist.

Früher waren wir mit Waldi und Hasso meist die einzigen Nutzer von Feld- und Waldwegen. Bilbo und Cara müssen sich heute das Spaziergangsgelände mit jeder Menge Freizeitsportlern und Spaziergängern teilen. Nicht zuletzt deshalb ist Umwelttraining für unsere Hunde heute unerlässlich.

Ich finde es in Ordnung, dass meine Nessy zu mir kommen muss, wenn wir anderen Spaziergängern und Freizeitsportlern begegnen. So wird die mögliche Angst vor dem großen schwarzbraunen Hund gemindert, so steht Nessy nicht irgendeinem schnellen Menschen im Weg, so wird einfach Ärger vermieden. Ich erwarte ein solches Verhalten auch von kleineren Hunden, vor denen viele ja keine Angst haben, die

Machen Sie sich so interessant für Ihren Hund, dass er sich von Umweltreizen nicht mehr ablenken lässt.

aber genauso zur Gefahr für Radler, Jogger und andere werden können.

Genauso dürfen wir aber als Hundehalter erwarten, dass andere uns die Chance geben, unsere Hunde heranzurufen. Sich rechtzeitig bemerkbar zu machen, wäre dabei schon mal ungeheuer hilfreich. Fair wäre es auch, das Tempo beim Herankommen zu verlangsamen, wenn man sieht, dass der Hund noch nicht ganz bei seinem Menschen ist.

Fair wäre es einfach, wenn alle sich als gemeinsame Nutzer der Naherholungsgebiete sehen würden. Jeder mit dem Recht, sich dort möglichst ungestört zu bewegen. Jeder mit der Einsicht, dass seine Bewegungsfreiheit dort endet, wo sie die des jeweils anderen einschränkt.

Manchmal ist es besser, den Hund ins Platz zu legen, damit nimmt man schwierigen Begegnungen den Sprengstoff.

▶ **Rücksicht**

Ich nehme als Hundebesitzerin gerne Rücksicht, aber ich will auch dabei von anderen respektiert werden, und ich will von anderen dabei auch unterstützt werden. Manchmal hilft das gute Beispiel, geben Sie es!

▶ **Spazieren gehen für Anfänger**

Jeder, fast jeder, der mir von seinem Hundewunsch erzählt, nennt einen großen Vorteil der Hundehaltung: »Man muss jeden Tag raus.« Bewegung bekommt man, weil, ohne Hund geht doch niemand ernsthaft täglich spazieren. Bewegung bei jedem Wetter ist Pflicht, das stärkt das Abwehrsystem und schließlich gibt es ja kein schlechtes Wetter, sondern ... Sie kennen die Sprüche.

Man stellt sich vor, dass man durch die Auen schreitet, neben sich den treuen Hund, der fröhlich schnüffelnd seiner Wege zieht. Je nach Vorliebe, denkt der Hundeaspirant, kann man auf den entspannenden Spaziergängen den Tag planen, eine Einkaufsliste zusammenstellen, den nächsten Artikel für die Vereinszeitung entwerfen oder eine feurige Rede für die nächste Gemeinderatssitzung proben. Herrlich, nach einer oder anderthalb Stunden hat der Mensch seine Planung kreativ erledigt und der Hund seine Geschäfte gemacht, den Bewegungsdrang befriedigt, die Umwelt mit seiner Nase geprüft, vielleicht ein nettes Spielchen mit Kumpels gehabt und beide gehen zufrieden wieder heim.

Nun ja, es soll Hund-Menschen-Teams geben, bei denen das so ist. Ich kenne keines, bei dem der Hund jünger als zehn Jahre ist.

Richtig an den Vorstellungen derer, die unter die Hundehalter gehen wollen, ist eigentlich nur, dass man täglich raus muss. Alles andere ist anders.

Ein Spaziergang ist für Ihren Hund keine beschauliche Angelegenheit und dient auch nicht vorwiegend der Entleerung von Darm und Blase. Für Ihren Freund ist das ein Höhepunkt des Tages, Lustbefriedigung, Jagdausflug, Sport, sozialer Kontakt, jedenfalls alles nur nichts Beschauliches.

Eigentlich ist der Ausflug, wenn wir noch wie unsere Ahnen lebten, ein Ausflug zur Jagd, zum Beute suchen und Beute machen – nur so macht es im Hundekopf einen Sinn. Klar, Beute machen wir heute im Zoogeschäft, aber für Nessy und Co. ist das nicht nachvollziehbar. Sie sind bereit zur Jagd, jeden Morgen und jeden Nachmittag und wann immer Sie mit Ihnen ausgehen.

Nichts mit Reden entwerfen und Einkäufe planen! Wenn Sie mit Ihrem

► **Spaziergangs-Check**

Was Sie auf jedem Spaziergang dabei haben sollten:

☐ Leine

☐ Halsband mit Adresse und Impfmarke

☐ Wetterfeste Kleidung

☐ Feste Schuhe

☐ Spiel- und Beschäftigungsidee für Ihren Hund

☐ Die dazu passenden Utensilien (Ball, Dummy ...)

☐ Leckerchen

Dummytrainig ist eine tolle Beschäftigung für unterwegs.

Sie an der Beschaulichkeit. Je nach Temperament Ihres Schützlings müssen Sie beim Gassigehen auch weiträumig vorausschauen, ob sich ein hundlicher Freund (gut) oder ein hundlicher Feind (weniger gut) nähert. Wenn Rambo nämlich zu weit von Ihnen weg und zu nah an seinem Feind ist, wird's schwierig mit dem Zurückrufen. Autos und Traktoren, Reiter und Jogger, Biker und Skater, tobende Kinder und ängstliche Spaziergänger – Sie sind nicht allein. Einsame Spaziergänge gibt es kaum irgendwo und deshalb ist das Bild, das alle Hundeanfänger vom Gassigehen haben, rundum verkehrt.

Wenn Sie einen gesunden und aufgeweckten Hund besitzen, heißt Gassi gehen gemeinsam etwas erleben. Spielen, Gehorsamsübungen machen, Spielen, Umwelttraining machen, gemeinsam »Bewährungsproben« bestehen. Das ist nicht sonderlich beschaulich und Sie müssen Ihren Kopf ganz bei Ihrem Hund haben. Es sorgt aber dafür, dass sich Ihre Bindung festigt, dass Sie ein Team werden und bleiben und dass Ihr Hund körperlich und vor allem geistig gefordert wird.

Tun Sie das nicht, wird Ihr Hund sich seinen Spaß selbst suchen. Die Ideen, die Hunde dabei entwickeln, sind meist nicht sonderlich spaßig für uns. Und wenn ein Hund mal bei irgendeiner Aktion so richtig Lust und Spaß hatte, haben Sie große Mühe, ihn davon zu überzeugen, dass er dies nicht mehr tun soll.

Aber keine Sorge, ein schöner Erlebnisausflug mit Ihrem Hund macht Ihren Kopf klar, schafft Platz für Kreativität und danach können Sie in der halben Zeit Reden schreiben und Einkaufslisten zusammenstellen.

vierbeinigen Schlaumeier nämlich nichts gemeinsam machen, wird er sich selbst Dinge überlegen, die ihm Spaß machen. Während Sie also über Ihre Einkäufe nachdenken, denkt Ihr Krambambuli vielleicht darüber nach, ob die Hasenspur das Verfolgen lohnt. Bis Sie dann bemerken, dass er eine Entscheidung pro Hasenspur gefällt hat, ist er weg. Und wenn Diana mal entdeckt hat, welch hohen Lustgewinn das Suchen, Finden und Hetzen eines Feldhasen bringt, wird sie es immer wieder versuchen.

Das Jagen ist bekanntermaßen gefährlich für Hunde. Also nichts mit Einkaufsplanung, Sie müssen Ihren Hund im Auge haben und ihm Spiele anbieten, die seine Jagdlust in erlaubte Bahnen lenken.

Aber nicht nur die Jagdlust hindert

So erziehen Sie Ihren Hund

89	▶	Zieh doch nicht so!	93	▶	Hunde-Abi
91	▶	Ich geh' fort, und du bleibst da!	97	▶	Erziehung ist Chefsache

▶ **Zieh doch nicht so!**

Andra und ich mussten ein kleines Stück Weg bis zu den Feldern gehen, wegen der Autos natürlich an der Leine. Manchmal hatte auch eine Nachbarin mit ihrem kleinen Dackelmischling Bella zur gleichen Zeit die gleiche Idee und den gleichen Weg. Sobald sich die beiden Hündinnen sahen, rissen sie mit wütendem Gebrüll an der Leine. Bestien gleich, versuchten sie, sich auf die jeweils andere zu stürzen. Meine Andra ließ dabei jede Fairness vermissen: Ihr war es ganz egal, dass ihre Gegnerin gerade mal etwas größer als ihr eigener Kopf war. Hund ist Hund, da kannten unsere Lieblinge kein Pardon.

Ließen wir die beiden frühzeitig (wenn sich die Aggression aufbaute) von der Leine – gleichzeitig natürlich –, verstummte das Kampfgeschrei augenblicklich. Andra und Bella schnüffelten hektisch und gründlich und mit gehöriger Distanz voneinander den Wegrand ab. Nachdem diese angeblich dringende, unabweisliche Tätigkeit verrichtet war, konnten die beiden ehemals streitbaren Damen zum begrüßenden Kontaktschnuppern schreiten und wir alle vier zusammen spazieren gehen.

DIE LEINE MACHT STARK ▶ Auch wenn Sie es nicht glauben wollen, die beiden ticken durchaus richtig. Meine Nessy heute zeigt ein solches Verhalten nicht. Sie hat von klein auf gelernt, dass sie sich an der Leine neutral verhalten soll. Nach den Erfahrungen mit Andra habe ich beim nächsten Hund dieses Problem durch entsprechendes Training einfach vermieden. Trotzdem: Viele Streitigkeiten zwischen Hunden würden vermieden, wenn Hundehalter den Hintergrund dieses Verhaltens verstehen würden. Die Leine, an der wir unsere Hunde führen, ist für diese nicht nur eine äußere, lederne Verbindungsschnur zum Herrchen. Die Leine ist für die Hunde eine Verknüpfung von Herr und Hund, macht beide zu einem »verbundenen« Team – und, dass das gleich klar ist, die Leine macht aus Fifi einen Rambo.

Wenn ein Hund sein Herrchen oder Frauchen an der Leine hat, wächst er über sich hinaus, gewinnt unglaublich an Stärke und will es allen frechen Kötern gleich ordentlich besorgen. Damit schlägt man als Hund, der etwas auf sich hält, gleich zwei Fliegen mit einer Klappe: Nachbars Nero kann man endlich zeigen, was eine Harke ist, und Herrchen sieht auch gleich, dass man nicht von Pappe ist.

Löst der Mensch die Leine, ist man als Hund wieder ganz auf sich gestellt und hält sich dann doch besser wieder an die bewährten Umgangsformen zwischen Hunden. Wenn Herrchen und Frauchen sich nicht einmischen und ihren Hund damit stärker machen als er ist, wird es bei normalen Hunden meist keine großen Streitereien geben

Wer hier mit wem geht, ist eindeutig entschieden.

– zumindest keine, bei denen einer Schaden davonträgt.

Die Leine und unverständige Hundehalter/innen tragen die Schuld an den meisten Raufereien. Lassen Sie also Ihren Hund seine Kontakte und auch seine Probleme mit anderen (normalen) Hunden selbst klären, und lassen Sie ihn von der Leine, wenn es die Umgebung und das Wesen des anderen Hundes erlauben. Ihr Hund fühlt sich als der Größte, wenn Sie am anderen Ende der Leine hängen. Wenn Sie das wissen, können Sie entsprechend handeln.

LERNEN AN UND MIT DER LEINE ▶
Die Leine ist aber auch ein wichtiges Mittel, um Hasso Ihren Willen deutlich zu machen. Dulden Sie niemals, dass Ihr Hund »zieht«, korrigieren Sie ihn immer so, dass Sie mit locker durchhängender Leine zusammen gehen.

Bestimmt der Hund, wie schnell und wohin Sie gehen, ist das nicht nur peinlich, weil alle Welt sagt: »Ei, der Hasso führt wieder den Herrn Schulze aus.« Ein solches Verhalten belegt auch, dass Sie nicht in der Lage sind, Ihrem Hasso deutlich zu machen, wer der Chef im Rudel ist. Dies gilt dann nicht nur für die zügigen Spaziergänge, sondern schafft in Ihrem gesamten Zusammenleben Probleme.

Wenn Ihr Hasso »leinenführig« ist, wie die Fachleute sagen, ist damit ein wichtiges Ziel in seiner Erziehung zum feinen Begleithund geschafft und eine wichtige Grundlage für ein befriedigendes gemeinsames Leben gelegt.

Die Leine ist ein ganz zentrales Lernmittel. An ihr und mit ihr lehren Sie Ihren kleinen Hund fast alles, was er können muss: das Gehen bei Fuß, das Herkommen, das Sitzen und das Bleiben. Deshalb – auch wenn Sie manchmal furchtbar wütend sind – vermeiden Sie es, die Leine als Züchtigungsinstrument einzusetzen. Erstens ist das Schlagen mit der Leine nicht artgerecht und wird deshalb vom Hund nicht kapiert. Zweitens wird er dann Angst vor der Leine entwickeln, und die Leine verliert für immer ihre wichtige Funktion als äußeres Kennzeichen einer inneren Verbindung zwischen Hund und Mensch.

▸ Ich geh' fort, und du bleibst da!

Vielleicht haben Sie auch so eine Nachbarin wie ich. Frau Maier gerät stets in Panik, wenn sie das Haus ohne Paulchen verlassen muss, und solche Anlässe sind halt unvermeidlich. Sobald sie die Tür hinter sich geschlossen hat, fängt ihr Mischlingsrüde ein infernalisches Geheul an, das er stundenlang durchhalten kann – genauso lang, wie Frauchen eben weg ist. Frau Maier kann Paulchen auch nicht im Auto mitnehmen, weil er auch dort, wenn er allein gelassen wird, bellt und heult. Entweder die Nachbarn werden aggressiv, oder Frau Maier muss jedes Mal mühevoll einen Hundesitter suchen. Lassen Sie es nie soweit kommen, sonst wird Hundehaltung wirklich, und dazu noch völlig unnötig, zur Belastung für Sie und für Ihre Nachbarn.

Zunächst einmal ist schon klar, dass kein Hund freiwillig und gern allein bleibt. Das liegt in seiner Natur, nur die Gemeinschaft im Rudel bietet Schutz. Andererseits lassen auch die wild lebenden Hunde ihre Welpen am Bau zurück, wenn sie zur Jagd gehen. Nur: In diesen Fällen bleibt – sofern vorhanden – ein Babysitter bei der Höhle der Welpen.

Für unser Zusammenleben ist es aber unerlässlich, dass unsere Hunde auch mal alleine bleiben können, ohne dass bei unserer Heimkehr entweder die Nerven der Nachbarn oder der gute Orientteppich zerstört sind. Machen Sie sich klar, dass das etwas ist, was unser Hund lernen muss. Es ist genauso wichtig wie die Erziehung zur Stubenreinheit.

So geht's für beide deutlich entspannter – die Leine sollte durchhängen.

Allein ist keiner gerne, aber die Wohnungseinrichtung sollte trotzdem nicht zerlegt werden.

ALLEIN BLEIBEN TRAINIEREN ▶

Wenn Sie alles richtig machen, ist diese Erziehungsaufgabe ganz leicht zu bewältigen. Lassen Sie Ihren Welpen ein paar Minuten allein, und steigern Sie diese Zeitspanne jeden Tag etwas.

Wenn es möglich ist, beobachten Sie von einer Stelle aus, an der Sie Ihr Hund nicht sehen kann, sein Verhalten. Falls Sie eine gute, vertrauensvolle Beziehung haben, wird gar nichts geschehen. Ihr Welpe gewöhnt sich allmählich an das immer längere Alleinsein.

> **TIPP**
>
> *Veranstalten Sie aber bitte keine rührseligen Verabschiedungs- und Begrüßungsszenen. Das macht Ihren Hund nämlich nervös, und ihm schwant Fürchterliches, wenn Sie ihm zum Abschied um den Hals fallen. Auch bei der Rückkehr sollten Sie darauf achten, dass Sie kein »schlechtes Gewissen« ausstrahlen: Sie nehmen die freudige Begrüßung Ihres Vierbeiners einfach freundlich entgegen und tun so, als sei das Weggehen und das Wiederkommen der normalste Vorgang der Welt.*

Falls das alles nicht so einfach gehen sollte und Ihr kleiner Hund randaliert und schreit, wenn Sie ihn allein gelassen haben, gehen Sie auf keinen Fall zu ihm zurück, wenn er gerade ein Heulkonzert veranstaltet. Tun Sie das, hat er nämlich wieder einmal etwas Unerwünschtes gelernt: »Wenn ich nur laut genug schreie und tobe, dann kommt Frauchen gleich zurück!« Also, auch wenn es schwer fällt: Sie kehren erst dann zurück, wenn der Schreihals mal eine Erholungspause einlegt. Erklären Sie Ihren Nachbarn den pädagogischen Sinn der Aktion, sie werden sicherlich Verständnis haben.

Machen Sie dieses Training auf jeden Fall; auch dann, wenn Sie Welpen haben, wie meine Andra und meine Nessy waren. Beide fühlten sich so geborgen in unserem Heim oder in meinem Auto, dass sie niemals Angst zeigten, wenn man sie allein ließ, sondern unser Weggehen stets als willkommenen Anlass für ein erholsames Nickerchen nutzten.

PROBLEMEN ENTGEGENARBEITEN ▶

In diesem Unterrichtsfach für Welpen können aber auch Rückschläge auftreten, wie es zum Beispiel meiner Bekannten, Frau Sommer, passierte. Ihr kleiner Joscha war schon an eine circa einstündige Abwesenheit seines Frauchens gewöhnt und überstand sie problemlos. Als Frau Sommer dann einmal vom Einkauf zurückkehrte, war in der Nachbarwohnung ein Höllenlärm: Schlagbohrer waren im direkt angrenzenden Badezimmer im Einsatz. Joscha saß winselnd und heulend in einer Ecke und geriet fortan in Panik, wenn Frauchen die Wohnung verlassen wollte.

Solche Rückschläge können immer mal wieder passieren. Wenn Sie die Ursache kennen, ist die Lösung schon fast gesichert. In Joschas Fall machte Frau Sommer einfach mit ihrem eigenen Schlagbohrer häufig vergleichbare Geräusche – so lange eben, bis diese von Joscha als normale Geräusche abgehakt wurden, keine Panik mehr auslösten und damit die Verknüpfung Lärm = Alleinsein = Angst aufgelöst wurde. Menschenpsychologen nennen so ein Vorgehen »Desensibilisieren«.

Frühes Üben einerseits, Vermitteln von Sicherheit andererseits und Phantasie bei der Lösung auftretender Probleme garantieren ein erfolgreiches Bestehen Ihres Hundes in dieser wichtigen Schulaufgabe für angenehme Hausgenossen. Wenn Sie dieses Lernfach ausfallen lassen, werden Sie es lange, oft und intensiv bereuen, wie es Frau Maier mit ihrer Heulsuse Paulchen tut.

▶ **Hunde-Abi**

Jedes Wochenende strömen Tausende von Hundehaltern zu ihren Vereinen und üben auf so genannten Hundeplätzen. Dort gibt's eine Grundausbildung zum geprüften »Begleithund«, Wachhund- und Schutzhundtraining und inzwischen auch vielerorts Übungsmöglichkeiten für den so genannten »Breitensport«, für Agility und manchmal auch für Obedience.

Ob Sie mit Ihrem Artus in einem solchen Verein Mitglied werden und eine dieser Ausbildungsarten absolvieren wollen, hängt ganz von Ihrem persönlichen Geschmack ab. Eine einfache Antwort darauf, ob man seinen Hund im Rahmen eines Vereins ausbilden soll, gibt es nicht. Viele Gesichtspunkte müssen dabei bedacht werden.

Alles, was Sie und Artus dort zum Beispiel im Bereich der Gehorsamsübungen lernen, können Sie genauso

So haben alle meine Hunde die Stunden verbracht, an denen ich nicht bei ihnen sein konnte.

gut auch alleine praktizieren: Sitz und Platz, Gehen bei Fuß, Absitzen, während der Mensch weitergeht, Abliegen und Herkommen auf Rufen, längere Zeit ohne Augenkontakt zum Menschen liegen bleiben, auch wenn es viele Ablenkungen gibt, neutrales Verhalten gegenüber anderen Hunden.

Oft ist es leider so, dass die Hunde auf dem Platz gehorchen und außerhalb, zum Beispiel beim Ausführen auf dem nahen Feldweg, ihr ganzes Unterrichtspensum sofort wieder vergessen haben.

> **TIPP**
> *Die Gehorsamsübungen sitzen aber nur dann, wenn sie vor allem außerhalb des Hundeplatzes geübt werden!*

Das Training auf dem Hundeplatz kann Ihnen nur erstens deutlich machen, wie man eine Übung aufbaut, und zweitens dann der Kontrolle des Geübten dienen. Draußen müssen Sie selbst weitermachen und ständig üben.

EIN BISSCHEN GEHORSAM? ▶ Sie mögen nun einwenden, dass Ihr Artus ja gar nicht perfekt gehorchen soll, nur so in etwa wissen, was man von ihm will, und dass deshalb so ein Aufwand mit regelmäßigen Übungsstunden übertrieben sei. Überlegen Sie sich das aber genau: Ein bisschen Gehorchen gibt es nicht! Wir haben schon verschiedentlich darüber gesprochen, dass die Beziehung zwischen uns und unseren Hunden immer auch eine Rangordnungsbeziehung ist, in der Sie sich stets als Chef bewähren müssen. Wenn Sie mit Ihrem Artus Gehorsamsübungen machen, ist das eine hervorragende Gelegenheit, ihm immer mal wieder Ihren Rang zu demonstrieren. Regelmäßige Übungen machen Artus deutlich, wer das Sagen hat, und das ist unverzichtbar, egal ob Artus ein Bernhardiner oder ein Chihuahua ist. (Ein Bernhardiner muss sogar gehorchen; ein relativ kleiner Hund wird nicht so leicht zu einer Gefahr für seine Umwelt.)

Vielleicht sind Sie ein Mensch, der solche Übungen regelmäßig und zuverlässig alleine durchführt. Falls Sie eher faul sind, so wie ich, und gern mal fünfe gerade sein lassen, sollten Sie sich die Sache mit dem Hundeplatz vielleicht doch überlegen. Dort werden Sie quasi »gezwungen«, regelmäßig mit Ihrem Artus zu arbeiten, auch zwischen den Treffs am Wochenende. Schließlich ist es ja schon ein bisschen blamabel, wenn Artus nach sechs Wochen immer noch nicht »Sitz« kann. Konkurrenz und Motivation beleben auch in der Ausbildung das Geschäft. Wenn Sie dort nette Kolleginnen oder Kollegen finden, macht der Trainingstreff auch menschlich viel Spaß. Man kann Erfahrungen austauschen und lernt eine Menge von anderen. Und Artus wird sich auf die Übungsstunden geradezu überschwänglich freuen, wenn Sie alles richtig machen. Meine Andra heulte vor Freude, wenn wir auf den Feldweg einbogen, der zu unserem Übungsplatz führte. Sie war kaum zu halten und drängte eilig auf das Übungsgelände, vor lauter Begeisterung darüber, was hier Tolles geschieht. Das Wort »Hundeplatz« kannte sie übrigens auch: Wenn wir es aussprachen, sprang sie fröhlich auf und raste zur Haustür: Auf geht's!

HUNDEPLÄTZE

Hundeplätze muss man sich ganz genau anschauen – es gibt sehr große Qualitätsunterschiede.

TOLLE HUNDEPLÄTZE ▶ Der Hundeplatz kann etwas sehr Schönes für Sie und Ihren Hund sein: Sie machen etwas zusammen, das begeistert Ihren Artus immer. Wenn Sie Spaß an gemeinsamer Bewegung mit Ihrem Hund haben, können Sie dort auch sportliche Übungen machen. Gemeinsamer Hürden- oder Slalomlauf und ein lustiger Hindernisparcours laden zum Kräftemessen ein und, wenn Sie wollen, auch zu richtigen Turnieren. Fast alle Hunde sind hier mit Begeisterung dabei. Solches Training steigert nicht nur das Körpergefühl Ihres Hundes, sondern vertieft die Bindung an Sie enorm.

HUNDEPLÄTZE, DIE SIE MEIDEN SOLLTEN ▶ Hundeplätze können aber auch etwas Schlechtes sein, für Sie und vor allem für Ihren Artus. Leider sind die Trainer auf vielen Plätzen nicht besonders kompetent und arbeiten nur nach Schema F. Neuere oder auch ältere Erkenntnisse der Verhaltensforschung werden nicht angewandt. Und schlimmer noch: auf manchen Plätzen geht es nicht um den Hund, sondern um einen widerlichen Ehrgeiz von Menschen, für die der Hund dann nur noch ein Sportgerät ist. Das gilt für alle Hundesportarten, vor allem aber für den so genannten Schutzdienst (wobei hier gar nicht klar ist, was das mit »Sport« zu tun hat). Obwohl Verhaltensforscher übereinstimmend die Schutzhundausbildung als schädlich bezeichnen, wird sie noch vielerorts praktiziert. Da wird Hunden mit mehr oder weniger Gewalt, oft sogar mit elektrischen Stromgebern, ein spezielles Angriffs- bzw. Ablassverhalten antrainiert, das gegen ihre normalen Verhaltensweisen gerichtet ist. Diese so genannten Hundesportler behaupten zwar, dass die Hunde heute nicht mehr scharf gemacht werden, dass der Jute-Ärmel quasi ein Beutesymbol ist und die Sporthunde niemals einen Menschen angreifen, der keinen solchen Schutzarm trägt. Außerdem wird behauptet, dass trainiert würde, dass ein Hund auf Hörzeichen auslasse, was er sonst vielleicht nicht täte. Die Schutzhundprüfung wird heute beschönigend »Vielseitigkeitsprüfung für Gebrauchshunde« genannt, geändert hat sich nichts.

auslese auf Hunde zielte, die »beißen«. Wir brauchen heute, vor allem bei den großen Hunderassen, aber ganz andere Hunde: große, freundliche Hunde, ihrer Stärke bewusst, sie aber nicht ausspielend.

Nützlich: Arbeit in der Gruppe mit anderen Menschen und anderen Hunden

Vergessen Sie all diese Argumente. Es sind Behauptungen, für die es mehr Gegenbeweise gibt als andersrum. Und wie auch immer die Begründungen lauten, eines lernt ein so trainierter Hund auf jeden Fall: Ich gewinne immer! Super, wenn er mit diesem Bewusstsein in eine unklare Situation kommt. Es sind Rechtfertigungen für einen Hundesport, der durch nichts zu rechtfertigen ist, und es sind hoffentlich Rückzugsgefechte einer Art der Hundehaltung, die in unserer Welt nichts mehr zu suchen hat.

Sorgen Sie mit Ihrem Hund dafür, dass diese Art der Hundeausbildung ausstirbt. Sie hat bei den so genannten Gebrauchshunderassen schon genug Schaden angerichtet, weil die Zucht-

DER RICHTIGE HUNDEPLATZ ▶
Schauen Sie sich die Hundeplätze gründlich an, bevor Sie mit Ihrem Artus hingehen. Dort, wo die Schutzhundausbildung im Mittelpunkt steht, bleiben Sie lieber weg. Dort, wo die Hauptaktivität im Biertrinken besteht und im lauten Besprechen der letzten Schutzdienstereignisse, während die Hunde in winzigen Boxen darauf warten, kurz »über den Platz gezogen zu werden« – dort bleiben Sie lieber weg. Dort, wo Sie den Hundeplatz schon von weitem durch hysterisches Kläffen erkennen, bleiben Sie lieber weg. Dort, wo Sie Gebrüll hören, dort, wo Menschen wie Soldaten exerzieren, bleiben Sie lieber weg. Bleiben Sie weg, wenn Sie spüren, dass dort Leute sitzen, die Minderwertigkeitskomplexe durch aggressives Auftreten mit ihrem Schutzhund überwinden wollen. Falls Sie kei-

▶ Der Hundeplatz-Check

All die folgenden Fragen sollten mit einem klaren »Ja« beantwortet werden können, sonst lassen Sie lieber die Finger von diesem Hundeplatz:

- ☐ Sind lauter freundliche Menschen anwesend?
- ☐ Stehen die Hunde im Mittelpunkt?
- ☐ Werden die Gehorsamsübungen artgerecht ausgeführt?
- ☐ Werden Erziehungsfragen besprochen?
- ☐ Wird mit Phantasie und Spaß geübt?
- ☐ Werden die Hunde vernünftig an die immer schwieriger werdende Umwelt herangeführt?
- ☐ Ist Ihr Hund schon als Welpe willkommen und wird seinem Alter entsprechend gefördert?

So sollte sich ein Team abstimmen: mit Blickkontakt!

▶ Erziehung ist Chefsache

Meine Freundin Marion hat einen großen schönen Hund, den Castor. Castor liebt sein Frauchen sehr, und er beschützt es stets. Beim täglichen Morgenspaziergang muss Castor oft an der Leine bleiben, denn er achtet nicht sonderlich auf die Hörzeichen von Marion, und wenn ein anderer Rüde kommt, dann kann es kritisch werden. Bei anderen Hundebesitzern sind die beiden schon ein bisschen gefürchtet. Viele weichen aus, wenn der Castor sein Frauchen dynamisch Gassi führt.

Marions Mann erzählt oft zur Gaudi der Zuhörer, was ihm beim Spaziergang mit Castor passierte. Eine andere Hundebesitzerin hat ihn da nämlich angesprochen: »Einen schönen Hund haben Sie da, und so brav und folgsam ist der. Aber passen Sie bloß auf! Hier in der Gegend gibt es einen Hund, der

nen geeigneten Platz finden, nehmen Sie keinen der zweiten Wahl. Versuchen Sie dann besser, andere Hundebesitzer zu finden, mit denen Sie selbst Übungstreffen auf einer Wiese veranstalten, denn gemeinsam geht es auch hier oft leichter und macht Hund und Mensch mehr Spaß.

Ihrem unwahrscheinlich ähnlich sieht. Bloß das ist ein ganz Gefährlicher, man muss sich in acht nehmen vor ihm, der greift jeden anderen Hund an. Aber Ihrer ist ja gleich groß, der wird sich dann ja wehren können.« Derselbe Hund? Derselbe Hund!

Warum verhält sich unser Castor wie Dr. Jekyll und Mister Hyde, einmal Gentleman und einmal Rowdy? Die Erklärung ist einfach: Herrchen ist der Boss, Frauchen steht in der Rudelhierarchie auf der gleichen Stufe wie Castor, möglicherweise sogar darunter. Beim Boss zeigt man sich natürlich von seiner besten Seite. Bei den Kollegen kann man sich schon mal kabbeln und ausprobieren, ob man seinen Rang nicht etwas erhöhen kann.

So einfach erklären sich viele Schwierigkeiten mit Hunden, und gleichzeitig werden Rangordnungsprobleme von vielen Hundebesitzern nicht ernst genommen. Die meisten Unfälle durch Hundebisse passieren nicht Fremden, sondern den Hundebesitzern und ihren Familien selbst. Die Ursache dürfte in der überwiegenden Mehrzahl ein Rangordnungsproblem sein.

DIE RANGORDNUNG IST WICHTIG ▶
Warum die Geschichte mit der Rangordnung so wichtig ist und warum Gernhaben und Liebe in der Hundeerziehung nicht ausreichen, damit beschäftigen sich viele Hundebesitzer leider viel zu selten. Dabei ist diese Frage und ihre Lösung die Grundlage eines befriedigenden gemeinsamen Lebens von Mensch und Hund.

Rangordnung bedeutet nämlich bei den wölfischen Ahnen unserer Hunde eine Art optimaler Arbeitsteilung für das Überleben. Ständige Reibereien um die Kompetenzen, Unklarheit über Zuständigkeiten und längere Auseinandersetzungen um das beste Vorgehen würden schnell dazu führen, dass das Wolfsrudel nichts zu fressen hat. Also legt man die Arbeitsteilung im Rudel fest. So weiß jeder, wo er hingehört, was sein Part ist und auf wen er bei gemeinsamen Unternehmungen achten muss. Wolfsrudel haben sich dadurch zu perfekten Teams entwickelt.

Sie dürfen sich diese Rangordnung nun aber nicht im menschlichen Sinne vorstellen, etwa wie bei militärischen Rängen, nicht wie beim menschlichen Befehlen und Gehorsam. Kadavergehorsam kennen freie Tiere nicht. Ihre Rangordnung hat vernünftige Gründe. Sie basiert auf gegenseitiger Anerken-

Klar ist der süß, aber auch der Kleine will und braucht einen Chef, der ihm Grenzen setzt und Wege zeigt.

Der Alpha-Wolf zeigt uns, wie er es macht.

nung und Abhängigkeit und nachweisbarem Erfolg. Kann ein Tier seine Aufgabe nicht mehr wahrnehmen, übernimmt sie ein anderes. Dabei kann es schon einmal Streit geben, aber dass der abgelöste »Leitwolf« getötet wird, das gehört in das Reich menschlich-männlicher Fantasien. In der Wirklichkeit geschieht dies nicht.

Hunde wie Wölfe verlangen nach Autorität, das ist klar, aber diese Autorität muss sich ausweisen und sich bewähren. Mit Offiziersgehabe, Befehlston, lautem Geschrei und auch mit körperlicher Gewalt imponieren Sie keinem Hund. Hunde achten auf Grips, Selbstbewusstsein und anständige Führungsqualitäten.

Der Rangniedere hat es verstanden.

Die Wölfchen üben schon mal, wer wem über den Fang greifen darf.

Beobachten Sie den Hund in der Familie, und Sie erkennen an seinem Verhalten sofort und ohne jeden Zweifel, wer der »Leitmensch« in dieser Familie ist. Hunde sind unbestechlich. Sie schauen auf die Person, nicht auf ihr Geschlecht und nicht auf ihre Körperkraft, nicht auf ihr Gehaltskonto und nicht auf die verbreitete Lautstärke.

RANGORDNUNG BEI WÖLFEN ▶

Auch bei den Wölfen ist es nicht so, dass der größte und stärkste Wolf das Rudel anführt. Die Geschichte vom so genannten »Leitwolf« ist nicht ganz richtig. Sie ist wohl deshalb so entstanden, weil die Verhaltensforscher meist Männer waren, und die haben ja nun die Neigung, ihre Männlichkeitsmaßstäbe auch bei Tieren anzulegen. Für sie war klar, dass derjenige, der kämpft und jagt und knurrt und schreit, unbedingt der Boss sein muss.

Legt man dagegen andere Maßstäbe an, fragt man zum Beispiel, wer die wirklich wichtigen Entscheidungen trifft, wandelt sich das Bild entscheidend. Es ist nämlich die Wölfin, die sich unter verschiedenen Bewerbern einen Prinzgemahl aussucht. Die Wölfin macht den Rüden zum Boss. Es ist nicht der Wolf, der sich eine Gemahlin auswählt.

Mit mehr oder weniger sanfter Pfote lenkt Frau Wolf ihr Reich. Sie legt den Wohnort fest, entscheidet, wann ein Umzug fällig ist. Sie legt die wichtigen Grundlagen der wölfischen Ausbildung und führt häufig auch die Jagdgesellschaft an. Herrn Wolf lässt sie gerne auch disziplinarische Maßnahmen durchführen, wenn es erforderlich ist, meist entscheidet aber Frau Wolf darüber, wann das passiert. Einen Pascha oder Macho gibt's bei Wölfen aber nicht. Es gibt auch keine Befehle und Gehorsam wie bei den Menschen.

> **Arbeitsteilung bei Wölfen**
>
> Das Wolfsrudel ist nach praktischen, erprobten Grundsätzen der Arbeitsteilung geordnet, bei der jeder seine Aufgabe kennt und dafür sorgt, dass das Rudel überleben kann. Wenn ein Mitglied gegen diese Ordnung verstößt, wird es zurechtgewiesen, sonst wären alle gefährdet.

Dieser kleine Ausflug in die Verhaltensforschung war wichtig, um deutlich zu machen: Hunde müssen wissen, wo ihr Platz im Rudel ist, sonst werden sie unglücklich und unberechenbar. Hunde brauchen viel Liebe, Geduld und Konsequenz. Sie vertragen aber auf keinen Fall eine antiautoritäre Erziehung, das würde sie zutiefst verunsichern.

DEN HUND »EINORDNEN« ▶ Für ein problemfreies und befriedigendes Zusammenleben mit Hunden ist es unerlässlich, dass Sie als Rudelchef Ihrem Hund seinen Platz im Rudel zuweisen. Und diese Einordnung beginnt am ersten Tag des gemeinsamen Lebens. Dieser Prozess dauert ein ganzes Hundeleben lang, aber in den ersten Monaten ist er am anspruchsvollsten. In dieser Zeit wird die Basis für das künftige Leben gelegt. Jetzt lernt der junge Hund, dass Sie es sind, der entscheidet, was er darf und was er nicht darf. Er wird Ihre Führungsqualitäten oft und beharrlich testen, denn schließlich muss auch er wissen, woran er ist. Wenn Ihnen in dieser Phase keine großen Fehler unterlaufen, haben Sie das Problem schon fast gelöst.

Mit acht, neun Monaten gibt es dann meist noch eine etwas kritische Phase bei jungen Hunden. Ihre wilden Vorfahren haben sich in diesem Alter von ihrer Herkunftsfamilie getrennt: die Damen alleine, denn sie wollten eine neue Familie gründen, die Herren in kleinen Gruppen, in der Hoffnung, dass Fräulein Wolf einen erwählt. Ähnlich wie bei uns Menschen gab's bei Familie Wolf dann häufig Krach mit den Halbstarken, das stärkte das Selbstbewusstsein der Jungen und zeigte den Alten, dass es an der Zeit war, dass die Brut das Nest verließ. Einige der Jung-

Mundwinkelschlecken ist ein Begrüßungs- und Beschwichtigungsritual bei Wölfen, das unsere Hunde zeigen, wenn sie an uns hochspringen.

tiere blieben aber immer beim Rudel, sie übernahmen Aufgaben als Jagdgehilfen, Kindergärtnerinnen usw. Ihnen machten die Alttiere dann nachdrücklich klar, dass sie zwar bleiben konnten, aber keine Aufstiegsmöglichkeiten bekamen. Die wölfischen Twens gaben sich damit zufrieden, Komplexe gab's deshalb überhaupt nicht.

In dieser Rolle des daheim bleibenden Jungwolfs befinden sich unsere Haushunde. Die meisten von ihnen proben aber pünktlich in diesem Alter den Aufstand, wie sich das halt gehört, auch wenn man gern bei den Alten zu Hause bleibt. Wenn Sie Ihren Hund gut eingeordnet haben, wird diese Phase schnell vorbeigehen. Bei manchen Hunden werden Sie es gar nicht bemerken. Mit dem Eintritt ins Erwachsenenalter, also zwischen anderthalb und zwei Jahren, treten manchmal noch einmal solche Testphasen für die Rangordnung auf. Auch diese sollten nicht überbewertet werden – es sind Abschnitte, in denen Sie selbst überprüfen können, wie erfolgreich Ihre bisherige Erziehungsarbeit war.

WENN DER HUND »FÜHRT« ▶

Haben Sie Ihren Hund aus falsch verstandener Tierliebe oder aus Gleichgültigkeit gegenüber seiner Natur nicht konsequent eingeordnet, wird spätestens in diesen Phasen eine Fülle von Problemen auftreten. Ihr Hund ist zwar nicht scharf darauf, die Führung zu übernehmen – wozu soll man sich denn die ganze Verantwortung aufhalsen? –, aber wenn Sie nicht dazu in der Lage sind, muss er pflichtgemäß diese Aufgabe übernehmen.

Auf Hundeart wird er Ihnen dann zeigen, wo es künftig langgeht. Falls Sie etwas langsam begreifen, entwickelt er mit Sicherheit ein durchgreifendes Lernprogramm für Sie: Sie dürfen zum Beispiel nicht mehr auf das Sofa. Er

Sieht aus wie Unterwerfung, ist aber lustvolles Spiel.

Das Sofa ist solange kein Problem, wie es nicht zur Rangordnungsfrage wird.

jagt Sie weg, mit Zähnen und Klauen, wenn es sein muss – so lange eben, bis Sie am Beispiel des Sofas verstanden haben, wer künftig das Sagen hat. Ihr Hund wird bestimmen, wohin und wie schnell man spazieren geht, wer zuerst isst, wer das Haus betreten darf und wer nicht, wer wo schläft und wer angegriffen wird. Ihr Hund meint das gar nicht böse – er tut nur seine Pflicht, weil Sie Ihre vernachlässigt haben.

Lassen Sie es deshalb nie so weit kommen. Der Hund, auch das niedlichste Dackelchen, wird für Sie zur Last und für Ihre Umwelt zur Belästigung und möglicherweise zur Gefahr.

Alles, was es zum Thema Kind und Hund zu sagen gibt, gehört genau zu diesem Problembereich. Wenn Sie die Rangordnungsfrage richtig gelöst haben, gibt es keine Probleme mit Kindern und Hunden in der Familie. Ihr Hund muss lernen, dass er an die unterste Stelle der Hierarchie gehört, unter Ihre Kinder, und das ohne Wenn und Aber. Selbstverständlich müssen auch Kinder lernen, den Hund zu respektieren, aber das müsste bei Kindern mit hundebegeisterten Eltern ja ohnehin klar sein.

Einen großen Teil der gegenwärtigen Probleme mit Hunden gäbe es nicht, wenn die Halter sich verantwortungsbewusst und mit dem nötigen Wissen um das Sozialverhalten der Hunde, um die richtige Einordnung des Hundes in seine Familie kümmern würden.

Hundefreundliche Kinder machen kinderfreundliche Hunde.

So finden Sie Ihren Hund

So finden Sie Ihren Hund

| 106 ▸ | Der passende Hund | 114 ▸ | Glücksfall Hund |
| 113 ▸ | Beim zweiten Hund wird alles anders? | 117 ▸ | Zum Schluss |

▸ **Der passende Hund**

Es gibt eine Unzahl von Hundeführern und Ratgebern für die Wahl des passenden Hundes in den Buchläden und Zoofachgeschäften. Es gibt gute und weniger gute darunter, aber im Grunde ist das alles ganz egal. Die meisten Interessenten schauen ohnehin nur auf die Bilder oder sagen: »So einen Hund wie den von der Nachbarin, den möcht' ich auch!«

Mit Hunderassen ist es inzwischen auch schon so wie mit den Automarken. Sie sind für viele Menschen zu Statussymbolen geworden. Dies gilt übrigens auch für Mischlinge. Auch mit ihnen werden bestimmte Eigenschaften ihrer Besitzer verknüpft. Das alles ist nicht besonders schön, es tut auch den jeweils modischen Rassen nicht gut, es ist aber halt menschlich.

Sie haben sich bis hierher durch das Buch gelesen, deshalb habe ich schon ein bisschen Hoffnung, dass Sie sich vielleicht selbstkritisch prüfen, nach welchen Gesichtspunkten Sie sich einen Hund aussuchen wollen. Ein paar Ratschläge hätte ich dabei anzubieten.

MISCHLING ODER RASSEHUND? ▸
Die erste Frage, die sich angehende Hundehalter meist stellen, ist die, ob man einen Mischling oder Rassehund möchte. Erinnern Sie sich an den Film »Susi und Strolch« von Walt Disney? Viele Vorurteile, die mit dieser Frage verbunden sind, werden dort sichtbar:

der treue, mutige, gesunde und arme Mischling und das verwöhnte, liebreizende, aber etwas lebensfremde Rassemädchen. Vergessen Sie alles, was Sie über die Vor- oder Nachteile von Mischling oder Rassehund gehört haben – fast nichts davon ist belegbar. In Mitteleuropa sind Mischlinge weder gesünder noch wesensfester als Hunde aus einer ordentlichen Rassezucht. Sie sind selbstverständlich auch nicht »dankbarer«, weil Hunde ja keine Moral im menschlichen Sinne haben.

Mischlinge unterscheiden sich von Rassehunden vor allem durch ihr buntes Erscheinungsbild. Das muss aber auch nicht immer ein Vorteil sein. Oft wird ja an der Rassehundezucht kritisiert, dass Hundedesigner den Hundekörper so verändern, dass es tierquälerische Konsequenzen hat. Dies trifft aber auf einen großen Teil der Mischlingsbevölkerung auch zu. Denken Sie nur an die vielen

Auch im Tierheim wartet ein Kumpel auf Sie!

MISCHLING ODER RASSEHUND? | 107

Mischlinge:
heiß geliebt und tief
verachtet – Unikate

Kreuzungen zwischen Groß und Klein, die hier ständig passieren.

Mischlingswelpen sind oft auch keine »Wunschkinder«, sondern Ergebnis gedankenloser Hündinnenhaltung. Mischlings»züchter« informieren sich selten über artgerechte Welpenaufzucht und haben darin meist auch keine Erfahrung. Mischlinge kosten gar nichts oder nur wenig, was zur spontanen Anschaffung verleitet – aus Mitleid oder aus Laune. Mischlinge stellen im Tierheim die Mehrzahl der Insassen. Bei Mischlingswelpen weiß man oft nicht, wie groß sie werden, wie sie aussehen werden und mit welchen Eigenschaften man rechnen kann. Die Anschaffung eines Mischlings gleicht einer Lotterie, man kann eine Niete ziehen oder das große Los gewinnen.

Mischlingskauf gehört genau überlegt, denn es sind Hunde wie andere auch und keine Wegwerfartikel, wenn sie nicht mehr der Laune entsprechen, aus der heraus man sich zum Kauf entschlossen hat. Wenn Sie sich all diese Probleme deutlich gemacht haben und sich trotzdem für einen Mischlingshund entscheiden, wenn Sie die Elterntiere, vor allem die Mutter, kennen und sich ein Bild von der Aufzucht der Welpen gemacht haben – dann spricht überhaupt nichts dagegen. Denn für den Mischling gilt genauso wie für den Rassehundwelpen: Hundekauf ist Glückssache.

DIE AUSWAHL IST GROSS ▶ Wenn Sie sich einen Rassehund anschaffen, haben Sie in den entsprechenden Hundeführern die Wahl zwischen über 400 Rassen. Denken Sie daran: Die Rassen sind aus dem Bedürfnis der Menschen entstanden, Hunde für bestimmte Verwendungszwecke zu haben.

Spezialisten brauchen spezielle Beschäftigungsangebote. So ist der »Beruf« eines Retrievers, angeschossenes Niederwild zurückzubringen.

Viele Leute schauen aber nicht auf diesen ursprünglichen Verwendungszweck, sondern auf das Aussehen der Hunde. Das ist im Grunde auch ganz in Ordnung. Jeder von uns hat so ein Idealbild von seinem Hund im Kopf. Bedenken Sie dabei aber: Auch wenn Sie den Windhund ganz unwahrscheinlich elegant finden, auch wenn der Schlittenhund der Hund schlechthin für Sie ist oder wenn Sie vom treuen Blick des Vorstehhundes hingerissen sind – fragen Sie sich immer, ob dieser Hund und seine spezielle Begabung eigentlich zu Ihnen und Ihren Lebensbedingungen passen.

Wenn Sie so ein Durchschnittsmensch wie ich sind – Häuschen mit Garten, aber kein Rennradler oder Geländereiter, kein Jäger, kein Polizist oder Wachmann, sondern einfach nur ein Mensch, der einen vierbeinigen Kumpel sucht, der mit ihm spazieren geht, spielt, schmust und am Schreibtisch liegt –, wenn Sie so jemand sind, dann bleiben von den vielen Hunderassen ohnehin nur mehr ein, zwei Dutzend zur Auswahl.

Lassen Sie Ihre Finger gleich weg von Schlittenhunden und Windhunden. Sie könnten Ihnen mit Sicherheit keine artgerechte Betätigung bieten. Sie werden, vor allem dann, wenn Sie Einsteiger in die Hundehaltung sind, große Probleme mit solchen Hunden bekommen: mit ihrem starken Jagd- und Beutetrieb, mit ihrem übergroßen Laufbedürfnis und ihrer Kälte- bzw. Wärmeempfindlichkeit. Überlegen Sie es sich auch genau, ob Sie einen der haarigen Riesen, die für die Bewachung einsamer Berghöfe und Schafherden gezüchtet wurden, Lebensraum bieten können und mit seinem Eigenwillen klarkommen.

Sie müssen wissen, welcher genetisch verankerte »Beruf« Ihr Welpe hat, dann können Sie entscheiden, ob Sie ihm die richtige »Stelle« anbieten.

Wenn Sie diese »Hundeberufe« kennen, können Sie gut beurteilen, ob eine bestimmte Rasse oder ein bestimmter Rassemix zu Ihren Lebensbedingungen passt.

> **Fragen zur Rassewahl**
>
> Die wichtigsten Fragen, die Sie bei der Rassewahl klären müssen, heißen:
> ▸ Für welchen Zweck wurde die Rasse gezüchtet?
> ▸ Welche Ansprüche stellt diese Rasse an Erziehung?
> ▸ Wie sieht eine angemessene Beschäftigung für diese Rasse aus?

Schauen Sie besser nach Hunden, die schon seit Generationen als Begleithunde gezüchtet wurden, oder nach Hunden, die gewohnt sind, eng mit dem Menschen zu kooperieren, wie die vielen Schäferhunderassen. Oder denken Sie an die kleineren Hofhunderassen, die am ehesten noch zu unseren modernen Lebensbedingungen passen. Schauen Sie also bei der Auswahl ruhig auf das Aussehen. Kombinieren Sie damit aber unbedingt den Verwendungszweck, für den diese Hunde gezüchtet wurden und werden.

Am besten beschränken Sie sich bei der Suche auch auf die bekannten europäischen Hunderassen. Diese sind für unser Klima geeignet und an unsere Umweltbedingungen angepasst. Nordische, afrikanische und asiatische Hunde sind das nicht, auch wenn sie seit Generationen bei uns leben. Hinzu kommt, dass das Zuchtpotential meist so gering ist, dass gesundheitliche Probleme eigentlich schon vorprogrammiert sind. Die Freude darüber, dass in Deutschland nur 30 andere Leute den gleichen Hund haben, wird dann oft und schnell getrübt.

VON MODEHUNDEN ▶ Hunderassen kommen leider immer mal wieder in Mode. Pudel haben dieses Schicksal durchgemacht, Collies, Cocker Spaniels und viele andere. Derzeit sind es die Retriever, insbesondere die Golden und die Labradors, die Australian Shepherds sind auf dem »besten« Wege dahin. Plötzlich wollen alle diese eine Rasse. Der Rasse tut das nicht gut. Welpen werden »auf Masse« produziert, innerhalb und außerhalb der Zuchtverbände. Jede Hündin wird eingesetzt und jeder Rüde, oft ohne Ansehen von Wesen und Gesundheit. Die Folgen sind klar: Gesundheitliche und psychische Probleme müssen oft jahrzehntelang bekämpft werden. Äußerste Vorsicht also bei Hunden, die gerade in Mode sind!

Hofhundeartige gibt es viele, hier der Berner Sennenhund.

Ich mag gerne größere Hunde und teile meine Vorliebe mit vielen anderen Hundebesitzern. Die Nachfrage nach großen Hunden scheint derzeit ständig anzusteigen. Dahinter steckt nicht immer nur Sympathie für das Wesen des Großen, oft sind es Statusgründe oder ein unklares Schutzbedürfnis in einer immer unsicherer werdenden Welt.

▶ **TIPP**
Auch hier rate ich zur gründlichen Selbstprüfung, gerade weil ich die Großen mag. Überlegen Sie genau, ob Sie in der Lage sind, einen solchen Hund zu halten, und zwar in des Wortes doppelter Bedeutung. Mit der Schulterhöhe Ihres Hundes wächst auch Ihre Verantwortung und Ihre Verpflichtung, für eine solide Ausbildung Ihres Kumpels zu sorgen.

Sein zauberhaftes Wesen hat ihn zum Modehund gemacht mit allen negativen Konsequenzen: Der Golden Retriever.

Wenn Sie Ihre Entscheidung gründlich vorbereitet haben, sollten Sie unbedingt das Gespräch mit Haltern und Züchtern der Rassen führen, die Sie in die engere Wahl genommen haben. Auch wenn diese meist in Ihre eigenen Hunde vernarrt sind – es kommt darauf an, dass Sie gründlich fragen und sich ausgiebig informieren. Gute Züchter werden Ihnen niemals einen Hund aufschwatzen. Gute Züchter erkennt man sogar geradezu daran, dass Sie Ihnen gegenüber ausgesprochen kritisch sind, dass sie Sie ausquetschen über Ihre Neigungen und Interessen und Ihre Erfahrungen mit Hunden. Wenn Sie einen solchen guten Züchter gefunden haben, ist schon eine große Hürde genommen.

KAUF BEIM ZÜCHTER ▶ Kaufen Sie niemals und auf keinen Fall einen Hund im »Handel« oder bei so genannten »Rassehundezwingern«, die gleichzeitig viele Rassen anbieten. Das alles sind Hundehändler, und Hundehandel gehört verboten, nicht auch noch durch unbedachtes Kaufverhalten unterstützt.

Hundewelpen müssen von der Familie, in der sie aufgezogen wurden, direkt zu der Familie kommen, in der sie ihr künftiges Leben verbringen. Alles andere ist ein Verbrechen am Hund und bringt kranke und verhaltensgestörte Tiere hervor. Dabei ist es ganz egal, ob bei solchen Hundeschacherern pieksaubere Verhältnisse in klimatisierten Boxen herrschen. Das dient nur dem Kundenfang.

Eine wirklich gute Hundekinderstube muss dagegen aussehen wie ein Abenteuerspielplatz, der viele unterschiedliche Anregungen und Anforderungen an Köpfchen und Muskeln der Kleinen stellt.

Fahren Sie zu verschiedenen Züchtern und lernen, lernen, lernen Sie, und dann treffen Sie Ihre endgültige Entscheidung. Ein guter Züchter wird Ihnen als Einsteiger meist ohnehin nicht die Wahl lassen. Er sucht den Welpen aus, der am besten zu Ihnen passt. Vertrauen Sie ruhig auf seine bessere Kenntnis des Wurfs.

Wenn Sie sich einen Mischling ins Haus holen, brauchen Sie natürlich eine Menge dieser Arbeit nicht zu leisten. Aber Sie sollten sich ein möglichst klares Bild von dem Wurf und dem Verhalten der einzelnen Welpen machen, bevor Sie sich entscheiden.

Ganz besonders gilt diese intensive Vorbereitung, wenn Sie einen erwachse-

Gute Züchter verschaffen ihren Welpen viele Erfahrungen – auch mit Kindern.

▶ Fragen, die Sie sich stellen sollten

- ▶ Wie sind meine Lebensverhältnisse (häusliche Umgebung, Familie, Kinder, Haustiere, bevorzugte Urlaubsgegenden, bin ich viel unterwegs, soll mein Hund überall mit)?
- ▶ Welcher Hund passt zu meiner Wohngegend (Stadt könnte ein Problem sein, aber auch das flache, wildreiche Land)?
- ▶ Wie sind meine Fähigkeiten als »Leithund« (bin ich jemand, der fünfe gerade sein lässt oder setze ich mich problemlos und gewaltlos durch)?
- ▶ Will ich mit meinem Hund arbeiten, d.h. eine Ausbildung in einem Hundesportfach absolvieren?
- ▶ Soll er mich beim Freizeitsport begleiten?
- ▶ Sollen meine Kinder mit dem Hund spielen und spazieren gehen, vielleicht sogar Hundesport machen können?

Wenn Sie alles gut vorbereitet haben, wartet eine große Liebe auf Sie.

nen Hund, zum Beispiel aus einem Tierheim, übernehmen. In den Tierheimen finden Sie meistens eine ausgezeichnete Beratung und Hilfe bei der Entscheidung. Schließlich sind die Tierheime daran interessiert, ihre Schützlinge so unterzubringen, dass sie nicht gleich wieder zurückgebracht werden.

Hundekauf gehört genau überlegt und vorbereitet. Die Literatur, die Tierheime, die Zuchtverbände und erfahrene Hundehalter in der Nachbarschaft stehen Ihnen dabei zur Seite. Nutzen Sie all diese Informationsmöglichkeiten, und dann entscheiden Sie mit kühlem Kopf. Ihr Herz können Sie noch zehn bis fünfzehn Jahre sprechen lassen, wenn Ihnen mit Ihrem Hund ein so langes gemeinsames Leben vergönnt ist.

▶ **Beim zweiten Hund wird alles anders?**

In vielen Hundebüchern können Sie lesen, dass nur eine Sache schöner sei, als einen Hund zu halten, nämlich zwei oder mehrere Hunde zu haben. Wenn Sie nicht gerade Züchter werden wollen, sollten Sie diesem vermeintlich guten Rat nicht folgen. Nach meiner Meinung spricht nämlich mehr dagegen als dafür.

Erstens und vor allem anderen sollten Sie bedenken, dass es schon viel zu viele Hunde gibt und man nicht noch eine zusätzliche »Nachfrage« schaffen sollte. Und auch wenn in Büchern steht, dass Ihr Hund sich über Artgenossen freut: Im eigenen Haus hält sich diese angebliche Freude meist in Grenzen. Ihr Schnuckelchen gibt seinen Platz als geliebter Mittelpunkt der Familie nicht gerne auf, und teilen will er schon gar nicht. Viel Kontakt mit Artgenossen schätzt jeder Hund, aber vor der Haustür bitte schön!

Wenn Sie einen zweiten Hund ins Haus holen, verändert sich eine ganze Menge für Sie und Ihren alten Vierbeiner. Zunächst einmal haben die beiden Hunde, falls sie sich anfreunden, an sich selbst genug. Sie als Mensch sind in diesem Bunde dann der Dritte. Der Kontakt zu Ihren Hunden wird anders, er wird nicht so innig sein, wie Sie das mit einem einzelnen Hund zuwege bringen.

MEUTE MACHT GERN BEUTE ▶ Die Erziehungsarbeit wird schwerer und aufwändiger, in inhaltlicher und in zeitlicher Hinsicht. Ihre Hunde werden eine Meute bilden, und das macht sich besonders fatal auf Spaziergängen bemerkbar. Wo früher ein Hund noch aufs Wort hörte, wenn ein Kaninchen auftauchte, wird er wahrscheinlich zusammen mit seinem neuen Kumpel auf und davon sein.

Es muss dabei natürlich nicht immer ein Kaninchen sein. Sehr viele Unfälle mit Hunden geschehen bei der Mehrhundehaltung. Denn nicht nur der Beutetrieb wird durch den Jagdfreund verstärkt, es findet auch ein Konkurrenzkampf um die Beuteanteile statt. Wenn dabei der Mensch die Beute ist, ist er durch zusammen angreifende Hunde entschieden stärker gefährdet als durch einen. Bei einem Hund kann er durch ruhiges Verhalten eventuell noch die Beißhemmung auslösen. Bei zwei oder mehr Hunden ist das kaum möglich, da treten der Fressneid und die Konkurrenz um die Beute in den Vordergrund, und dann wird nicht mehr sonderlich auf das Verhalten des »Beutetieres« geachtet. Das will bedacht sein, auch wenn es nur Zwergdackel sind.

IDEALES PAAR GIBT ES NICHT ▶
Nicht nur im Außenverhältnis, auch untereinander kann es eine Vielzahl von Problemen geben. Wenn Sie zwei gleichgeschlechtliche Hunde halten wollen, riskieren Sie wiederkehrende Rangordnungskämpfe, die nicht immer glimpflich ablaufen. Wenn Sie zwei Hündinnen haben, dann kann es in solchen Fällen zu richtig gefährlichen Ernstkämpfen kommen.

Am besten kommen natürlich Rüde und Hündin miteinander aus – vor allem dann, wenn der Rüde der Ältere ist und in sein angestammtes Heim eine nette junge Dame einzieht. Ein solch reizendes Pärchen bringt Sie aber auf Spaziergängen möglicherweise in Bedrängnis. Denn wenn Ihnen ein anderer Hundehalter entgegenkommt, haben Sie garantiert einen Hund an der Leine, der das gleiche Geschlecht hat wie der entgegenkommende – mit all den bekannten Problemen.

Vielleicht will Ihr Fräulein Hund auch mal sehen, ob ihr Beschützer etwas taugt, und hetzt die beiden Herren aufeinander. Ihr Hund will vielleicht mit der netten fremden Dame anbändeln und provoziert so die Wut seiner Partnerin.

Das ist Welpenspiel, aber zwei gegen einen finden manche Hundepaare richtig nett und machen dann Ernst.

Was tun, wenn Sie zwei haben und beide das Kaninchen vor Ihnen gesehen haben?

Ja, und was machen Sie, wenn Ihre Hündin hitzig wird? Eine räumliche Trennung hilft Ihrem Rüden nämlich nur dann über seinen Trennungsschmerz hinweg, wenn Sie mehrere Kilometer zwischen die beiden legen. Einen der beiden zu kastrieren, wäre natürlich auch eine Möglichkeit, aber es ist immerhin ein vermeidbarer Eingriff, wenn Sie nicht unbedingt zwei Hunde halten wollen.

Manche Leute kaufen gleich zwei Welpen aus einem Wurf. Dies führt zu einer Vervielfachung aller Probleme in der Mehrhundehaltung, weil die Aufzucht und Erziehung zweier quietschfideler Junghunde große Erfahrung, Geduld und Konsequenz voraussetzt, die wohl die wenigsten von uns aufbringen werden. Die Zeit, die man für die Erziehungsarbeit braucht, verdoppelt sich nicht nur, sie vervielfacht sich.

Es gibt Hunderassen und Hundepersönlichkeiten, da brauchen all die beschriebenen Schwierigkeiten nicht aufzutreten. Dass das aber genau bei Ihnen so sein wird, darauf würde ich mich nicht verlassen. Überprüfen Sie sich selbst, Ihre Zeit, Ihre Kenntnisse und Erfahrungen gut, nicht zuletzt auch Ihren Geldbeutel, und bedenken Sie die Probleme, die bei der gleichzeitigen Haltung von mehreren Hunden auftreten können, bevor Sie sich einen zweiten Hund ins Haus holen. Beim zweiten Hund wird vieles anders, und nicht alles verändert sich zum Besseren.

GLÜCKSFALL HUND ▶ Ob die Vorfahren unserer Hunde ihren Enkeln einen sonderlich guten Dienst erwiesen haben, als sie sich den Menschen angeschlossen haben, darüber könnten sich die modernen Hunde trefflich streiten. Aber unsere Hunde streiten sich ja nicht über solche unnützen Fragen. Sie gehören heute unwiderruflich zu uns, und da unsere Hunde oftmals weiser sind als wir, raufen sie sich nicht die Haare über Dinge, die sie nicht ändern können, sondern passen sich an.

Ob der Hund ein gutes Geschäft macht, wenn er eine Partnerschaft mit uns eingeht, das ist fraglich und liegt ganz überwiegend in unserer Hand und in unserer menschlichen Verantwortung. Aber wir, die Menschen, wir haben dabei auf jeden Fall schon immer den besseren Teil bei diesem Geschäft gemacht. Für uns ist die Entwicklung, die schließlich zum Haus-

Zwei Hunde haben aber auch immer mehr Spaß als einer alleine, man muss abwägen.

hund geführt hat, wie ein Hauptgewinn im Lotto. Sie hat uns Krümel und Lumpi, Nessy und Arko, Lassie und Rex gebracht und all die anderen, die für ihre Menschen einzigartige Erfahrungen und Gefühle ermöglichen.

MEIN ANTISTRESSPROGRAMM HEISST NESSY ▶ Wenn Nessy nach einem kurzen Rundgang im Garten mit Lehmpfoten und pitsch-pudel-nass ins Haus rast, damit sie möglichst dem unangenehmen Abrubbeln und Pfotensaubermachen entgeht; wenn Nessy im Glück ist, weil sie vor mir ein Feld entdeckt hat, auf dem gerade frische Gülle versprizt wurde; wenn ich morgens noch etwas muffig bin, weil ich nachts öfter raus musste, weil Nessy einen Teil, der »Leckereien«, die sie zusammen mit ihrem Freund Paule hinter einer Hecke entdeckt hat, wieder erbricht; wenn also irgendeine unangenehme Seite der Hundehaltung in Erscheinung tritt, fragen mich immer wieder mehr oder weniger pikierte Freunde: »Warum tust Du Dir das an?«.

Wenn ein Hund stirbt und sein Mensch ganz tief um ihn trauert; wenn ein Hund krank ist und sein Mensch alles stehen und liegen lässt, damit ihm Hilfe zuteil wird; wenn friedliche Menschen zu Furien werden, wenn etwas gegen ihren Hund geht; wenn tiefe Gefühle zum Hund offenbar werden, hören wir oft: »Was habt Ihr denn, das ist doch bloß ein Hund?«

Wenn ich Nessy nicht »wegsperre«, weil jemand mich besuchen möchte, der keine Hunde mag, sondern sage, dass ich keinen Besuch mag, der meinen Hund nicht akzeptiert; wenn ich

Stressfrei und entspannt: Nessy und ihr Frauchen.

Nessys Gesellschaft mal einem gesellschaftlichen Ereignis vorziehe; wenn ich Nessys Schweigen spannender finde als einen abendlichen Vortrag über moderne Entspannungsmethoden; wenn ich deutlich mache, dass mir die Gesellschaft meines Hundes sehr viel wert ist, werde ich oft gefragt: »Ist das denn noch normal? Bist Du nicht schon süchtig nach Deinem Hund?«

Ja, ja das stimmt im ursprünglichen Sinn des Wortes. Ich sehne mich nach der Gesellschaft meines Hundes und ich vermisse sie, wenn ich auf sie verzichten muss. Es gibt Menschen, die essen Schokolade oder joggen stundenlang, um zu erreichen, dass ihr Körper Glücksgefühle produziert. Manche nehmen Drogen, um in einen Zustand entspannten Glücksgefühls zu kommen. Andere nehmen Beruhigungsmittel oder versuchen vielfältige und teilweise exotische Entspannungsmethoden, um zu innerer Ruhe und zum seelischen Gleichgewicht zu kommen. Ich brauche das nicht. Meine Glückspille und mein Beruhigungs- und Entspannungselixier heißt Nessy.

NEBENWIRKUNGEN ERWÜNSCHT ▶

Wenn ein Hund seinem vertrauten Mensch den Kopf aufs Knie legt und ihn anschaut, und wenn dann sein Mensch anfängt, den Hund zu streicheln, geht es beiden gut. Was jeder Hundebesitzer seit Urzeiten weiß, haben jetzt schließlich auch moderne Mediziner präzise ausgerechnet und nachgewiesen: Wenn ein Mensch seinen Hund streichelt, kann man direkte und positive Auswirkungen auf den Blutdruck feststellen.

Eine gute Beziehung zu einem Hund ist immer entspannend im Wortsinn, weil unser Hundepartner keine Konkurrenzgefühle, keine Aggressionen, keine Verliebtheiten und keinen Hass, keine Machtbedürfnisse und keine Minderwertigkeitsgefühle in die Beziehung einbringt. Das ist der Unterschied zu einer Mensch-Mensch-Beziehung. Dadurch wird die Tier-Mensch-Beziehung nicht besser, sie ist nur anders: unschuldiger, ruhiger, im Gefühlsbereich unkomplizierter.

Ein bekannter Mediziner hat einmal zu einem seiner Herzpatienten gesagt: »Es gibt ihn nicht auf Rezept, aber eigentlich würde ich Ihnen am liebsten einen Hund verschreiben«. Gedacht hat der Arzt dabei vielleicht an die regelmäßige Bewegung an frischer Luft, an die Stärkung von Immunsystem und Muskelapparat. Dass aber die Medizin »Hund« jede Menge anderer Nebenwirkungen hat und dass fast alle diese Nebenwirkungen erwünscht sind, daran hat der alte Arzt wohl nicht gedacht.

Eine gute Beziehung zu einem Hund stärkt vor allem auch das seelische Wohlbefinden. Die vitale Freude eines Hundes am jungen Morgen, die Neugier auf den Tag und die sich ständig verändernde Umwelt, die Lust am Spiel, die Freude an der Bewegung und der eigenen Kraft, das behagliche Ausruhen und das genussvolle Verschlingen des Futters, das Akzeptieren des Unvermeidlichen, das Arrangieren mit den Bedingungen der Umwelt, das schnelle, wortlose Verstehen, die unumstößliche Treue zum menschlichen Partner und das tiefe Vertrauen in seine Zuverlässigkeit, all das lehren uns unsere Hunde jeden Tag. Wenn wir von ihnen lernen wollen, und wenn wir aufmerksam für sie sind, helfen sie uns damit, das Wichtige vom Unwichtigen zu trennen. Sie helfen uns, in all der Alltagshektik immer wieder, das Wichtige, das Zentrum zu finden.

Hunde helfen uns, gelassener zu werden, uns selbst gegenüber und der Welt gegenüber.

Hunde werden von Behindertenorganisationen, Altersheimen und Krankenhäuser neuerdings gerne als Therapiehelfer entdeckt. Daran ist aber gar nichts modern oder neu: Hunde sind seit alters her immer schon »Therapiehelfer« für ihre Menschen. Hunde sind es heute überall immer noch: bei den Jägern, die sie in den indonesischen Dschungel begleiten, bei den Clochards, denen sie nicht nur unter den Brücken Gesellschaft leisten, bei den alleingelassenen Kindern, bei den vergessenen Alten, genauso wie bei jedem von uns. Und: um sich an einem Hund zu freuen braucht man natürlich überhaupt kein Problem zu haben, gut geht es einem mit einem Hund auf jeden Fall.

ZUM SCHLUSS ▶ Ich hoffe, das Lesen hat Ihnen Spaß gemacht. Wenn Sie sich entscheiden, Ihr Leben mit einem vierbeinigen Freund zu teilen, wünsche ich Ihnen von ganzem Herzen Glück. Für ein befriedigendes gemeinsames Leben gibt es keine Patentrezepte, nur die Bereitschaft, immer wieder zu lernen, ein ganzes Leben lang.

Das ist auf den ersten Blick nicht sonderlich angenehm, das fordert Sie und Ihre Phantasie – es ist aber ein Teil des Reizes in der Beziehung zwischen Hund und Mensch. Helfen Sie durch Ihre Hundeerziehung und Hundehaltung mit, dass für Sie und Ihre Umwelt nachvollziehbar wird, warum Menschen und Hunde so vorzüglich zusammenpassen. Sorgen Sie mit dafür, dass Hundefeindlichkeit zurückgedrängt wird, durch positive Anschauung und Erfahrung. Helfen Sie mit, dass Hundekauf nicht unüberlegt geschieht und Hundehändler keine Existenzgrundlage mehr haben.

Der Einsatz für bedrohte und geschundene Tiere endet möglicherweise bei gefährdeten Robbenbabys, beginnen sollte ein solcher Einsatz aber bei uns zu Hause: in den Ställen der Nutzviehhalter genauso wie bei den vielen Hunden und ihren Besitzern.

Service

117 ▶ Zum Weiterlesen
117 ▶ Adressen
118 ▶ Register
122 ▶ Impressum
123 ▶ Hundepass
124 ▶ Infoline

▶ Zum Weiterlesen

Beck, Peter: Das Beste für meinen Hund. Kosmos, Stuttgart 2000.
Coren, Stanley: Die Geheimnisse der Hundesprache. Kosmos, Stuttgart 2002.
Donaldson, Jean: Hunde sind anders ... Menschen auch. Kosmos, Stuttgart 2000.
Feddersen-Petersen, Dr. Dorit: Hundepsychologie. Kosmos, Stuttgart 2000.
Feltmann-von Schroeder, Gudrun: Die Kunst, mit dem Hund zu reden. Kosmos, Stuttgart 2003.
Feltmann-von Schroeder, Gudrun: Welpentraining mit Gudrun Feltmann. Kosmos, Stuttgart 2000.
Führmann, Petra und Nicole Hoefs: Erziehungsspiele für Hunde. Kosmos, Stuttgart 2002.
Harries, Brigitte und Jan P. Schniebel: Ein Hund soll es sein. Kosmos, Stuttgart 1994.
Harries, Brigitte: Der Knigge für Hund und Halter. Kosmos, Stuttgart 2001.
Harries, Brigitte: Ein Welpe kommt ins Haus. Kosmos, Stuttgart 1995.
Harries, Brigitte: Hundesprache verstehen. Kosmos, Stuttgart 1998.
Hoefs, Nicole und Petra Führmann: Das Kosmos-Erziehungsprogramm für Hunde. Kosmos, Stuttgart 1999.
Jones, Renate: Aggressionsverhalten bei Hunden. Kosmos, Stuttgart 2003.
Jones, Renate: Welpenschule leichtgemacht. Kosmos, Stuttgart 1997.
Kejcz, Yvonne: Hundehaltung. Kosmos, Stuttgart 2001.
Krämer, Eva-Maria: Der neue Kosmos-Hundeführer. Kosmos, Stuttgart 2002.
Lausberg, Frank: Erste Hilfe für den Hund. Kosmos, Stuttgart 1999.
Merklin, Lily: Dogging – fit mit Hund. Kosmos, Stuttgart 2003.
Pietralla, Martin und Barbara Schöning: ClickerTraining für Welpen. Kosmos, Stuttgart 2002.
Pietralla, Martin: Clickertraining für Hunde. Kosmos, Stuttgart 2000.
Pryor, Karen: Positiv bestärken, sanft erziehen. Kosmos, Stuttgart 1999.
Rustige, Dr. Barbara: Hundekrankheiten. Kosmos, Stuttgart 1999.
Schmalfuß, Ute-Kristin: Mein Hund. Kosmos, Stuttgart 1998.
Schöning, Dr. Barbara: Hundeverhalten. Kosmos, Stuttgart 2001.
Stachnau, Hermann und Micha Dudek: Hunde, die Erben der Wölfe. Kosmos, Stuttgart 2002.
Tammer, Isabell: Hundeernährung. Kosmos, Stuttgart 2000.
Tellington-Jones, Linda: Tellington-Training für Hunde. Das Praxisbuch zu TTouch und TTeam. Kosmos, Stuttgart 1999.
Theby, Viviane: Hundeschule. Kosmos, Stuttgart 2002.
Toll, Claudia: Tierheimhund und Streuner. Kosmos, Stuttgart 2002.
Whitehead, Sarah: Das Hundebuch für Kids. Kosmos, Stuttgart 2002.
Winkler, Sabine: Hundeerziehung. Kosmos, Stuttgart 2000.
Winkler, Sabine: So lernt mein Hund. Kosmos, Stuttgart 2001.

Wright, John C. und Judi Wright Lashnits: Wenn Hunde machen was sie wollen. Kosmos, Stuttgart 2001.

▶ **Adressen**

Wenn Sie einen Rassehund suchen:
Verband für das Deutsche Hundewesen (VDH) e. V.
Westfalendamm 174
D-44141 Dortmund
Tel. 0231 – 565000
Fax 0231 – 592440
www.vdh.de

Fast jeder Rassezuchtverein hat eine Notvermittlungsstelle. Die Adressen erhalten Sie über den VDH bzw. von dort aus über den zuständigen Rassezuchtverein.

Österreichischer Kynologen-Verband (ÖKV)
Johann-Teufel-Gasse 8
A-1238 Wien
Tel. 01 – 8887092
Fax 01 – 8892621
www.oekv.at

Schweizerische Kynologische Gesellschaft (SKG)
Länggaßstr. 8
CH-3001 Bern
Tel. 031 – 3015819
Fax 031 – 3020315
www.hundeweb.org

Wenn Sie einen Hund aus dem Tierheim suchen:
Deutscher Tierschutzbund
Baumschulallee 15
D-53115 Bonn
Tel. 0228 – 697701
Fax 0228 – 631264
www.tiere-aus-tierheim.de

Wenn Sie eine Hundesportmöglichkeit suchen:
Deutscher Hundesportverband e. V. (dhv)
Gustav-Sybert-Str. 42
D-44536 Lünen
Tel. 0231 – 87949
Fax 0231 – 8770813

Bei der Suche nach Spezialtierärzten hilft Ihnen die Tierärztekammer des jeweiligen Landes oder:
Bundestierärztekammer
Oxfordstr. 10
D-53111 Bonn

Homöopathisch tätige Tierärzte erfahren Sie über:
Zentralverband der Ärzte für Naturheilverfahren
Alfredstr. 21
D-72250 Freudenstadt

Wenn Sie den TTouch lernen wollen:
TTEAM Deutschland
Bibi Degn,
Hassl 4
D-57589 Pracht
Tel. 02682 – 8886
Fax 02682 – 6683
Bibi@TTEAM.de

TTEAM Österreich
Ruth & Martin Laser
Anningerstr. 18
A-2352 Guntramsdorf
Tel. 02236 – 47000
Fax 02236 – 47070
Tteam.office@aon.at

TTEAM Schweiz
Doris Suess-Schröttle
Mascot Ausbildungszentrum AG
CH-8566 Neuwilen
Tel. 071 – 6991825
Fax 071 – 6991827
Learn@mascot-ausbildung.ch

Wenn Sie Therapiehundeausbildung machen möchten:
Interessengemeinschaft für tiergestützte Therapie mit Hunden
Elke Schmid,
Saarstr. 3
D-71282 Hemmingen
Tel./Fax 07150 – 6276

Wenn Sie Ihren Hund registrieren lassen wollen:
TASSO Haustierzentralregister für die BRD e. V.
Frankfurter Str. 20
65795 Hattersheim
www.tiernotruf.org

Wenn Sie ein älterer Hundehalter sind:
Hauptgeschäftsstelle des Bundesverbandes Tierschutz e. V., Freundeskreis betagter Tierhalter
Walpurgisstr. 40
D-41441 Moers
Tel. 02841 - 25244
Tel. 02841 - 25244

Register

Aggression 7, 35, 62, 76, 89
Allein bleiben 91 f.
Angst 84
Anschaffung 6, 9
Anstarren 32
Apportieren 51
Arbeitsteilung im Rudel 12, 98, 101
Artgerechter Umgang 14
Aufzucht 76
Autorität 99

Baden 59
Bedrohung 78
Beeindrucken, richtig 31
Bei Fuß 22, 90, 94
Beißen 35, 39, 66, 76, 96
Beißhemmung 35, 113
Bellen 79
Beschäftigung 10, 15
Beschnuppern 77
Beschwichtigen 67
Bestrafen 27
Beute 18, 51 f., 86, 113
Bleib 51, 90

Dekonditionieren 27
Desensibilisieren 93
Dreck 9, 58 ff.

Einordnen 36, 101 ff.
Erziehung 9, 14, 20, 36, 98

Feinde 18
Fressneid 113

Gassigeher-Treffs 37
Geborgenheit 43
Geduld 9, 53
Gehorsam 54
Gehorsamsübungen 52, 54 f., 87, 94

Haarwechsel 58
Herkommen 90, 94
Hetzen 51 f., 87
Heulen 92
Hier 19
Hitzig 114
Hörzeichen 19, 63
Hundebegegnung 77
Hundefeindlichkeit 9, 52, 117
Hundehaltung 9
Hundehändler 8, 110

Hundekauf 8, 13
Hundekot 11, 60
Hundeplatz 32, 93 ff.
Hunderassen 6, 13, 106, 108
Hundeverordnungen 7, 11
Hündinnen 47

Imponieren 28
Instinkt 18
Isolierung 42

Jagdverband 18
Jagen 30, 47, 51, 79, 87
Jogger 51 ff., 78, 84 f.

Katzen 30, 53 f.
Kinder 45, 103
Kommen 19
Kommunikation 17, 62, 66 f.
Konkurrenzkampf 113
Konsequenz 9, 52 f.
Körpersignale 54
Körpersprache 65, 67
Kosten 10

Langeweile 10
Läufigkeit 45
Leine 14, 32, 79, 89 f.
Leitwolf 100
Lernen 18 ff.
Loben 20, 22

Markieren 47
Mensch-Hund-Beziehung 82
Meute 112
Mimik 65 f.
Mischling 6, 13, 106
Motivation 52

Platz 21, 71 f., 94
Platz im Rudel 101
Positive Verstärkung 20, 22
Problemhunde 34

Radfahrer 51 ff., 84 f.
Rangordnung 17, 25, 44, 94, 98, 103
Rangordnung bei Wölfen 100
Rangordnungskonflikt 44, 98, 113
Rassehund 12, 106 f.
Rassewahl 108
Reizschwelle 76

Reizüberflutung 54
Respekt 29, 35
Revierdominantes Verhalten 46
Reviere 45 ff.
Rudel 12, 17, 44, 76, 98
Rüden 47

Schlafen 41 ff.
Schlafplatz 42 ff.
Schnauzengriff 32, 77
Schutzhundausbildung 34, 93 f
Schwanzwedeln 54, 65
Sexualrevier 35, 47 f.
Sitz 19, 51, 63, 71 f., 90, 94
Sozialisieren 79
Sozialkontakt 34, 36
Sozialverbände 17
Spaziergang 25, 37, 85 f.
Spielen 24 f., 37, 47, 69 ff., 87
Stadium des Jugendlichen 51
Starren 67 f.
Strafe 20, 29
Streicheln 77
Stubenreinheit 22, 91

Therapiehelfer 117
Tierheim 13, 81, 107, 112
Timing 22

Umwelt 37
Umweltreize 76, 78
Umwelttraining 84, 87
Unterordnungsübungen 74
Urlaub 10

Verhaltensrepertoire 36
Verknüpfen 19 f.
Verknüpfungen lösen 26
Verteidigen 35, 50

Wälzen 57
Welpe 5, 107
Welpenspielgruppe 9
Welpentreffs 37, 46
Wölfe 17 f., 98

Zeitaufwand 9
Ziehen an der Leine 90
Zucht 76
Züchter 13, 110 ff.
Zwingerhaltung 41 f.

Bildnachweis

Farbfotos von Peter Beck (4, S. 11, 14, 42, 106), Heike Erdmann/Kosmos (4, S. 3, 35, 103, 110), Thomas Höller (1, S. 60), Thomas Höller/Kosmos (3, S. 7, 9), Eva-Maria Krämer (1, S. 104/105), Hans Reinhard (13, S. 13, 17, 18, 38 oben, 41, 46, 49, 61, 99 beide, 100, 101, 102), Marc Rühl/Kosmos (2, S. 43, 46), Christof Salata/Kosmos (alle übrigen 74 Fotos), Sven Olaf Stange/Kosmos (1, S. 28), Karl-Heinz Widmann (9, S. 34, 38 unten, 47, 55 oben und unten, 79, 80, 103), Karl-Heinz Widmann/Kosmos (11, S. 1, 23 unten, 24, 55 unten, 58, 59 Mitte, 77, 87 oben, 108, 111 unten, 112).

Impressum

Umschlaggestaltung von Atelier Reichert, Stuttgart, unter Verwendung von 3 Farbfotos von Thomas Höller (Titelfoto) und Christof Salata/Kosmos (kleines Foto und Rückseite).

Mit 144 Farbfotos.

Alle Angaben in diesem Buch erfolgen nach bestem Wissen und Gewissen. Sorgfalt bei der Umsetzung ist indes dennoch geboten. Der Verlag und die Autorin übernehmen keinerlei Haftung für Personen-, Sach- oder Vermögensschäden, die aus der Anwendung der vorgestellten Materialien und Methoden entstehen könnten.

Informationen senden wir Ihnen gerne zu

Bücher · Kalender · Spiele · Experimentierkästen · CDs · Videos
Natur · Garten & Zimmerpflanzen · Heimtiere · Pferde & Reiten · Astronomie · Angeln & Jagd · Eisenbahn & Nutzfahrzeuge · Kinder & Jugend

KOSMOS Postfach 10 60 11
D-70049 Stuttgart
TELEFON +49 (0)711-2191-0
FAX +49 (0)711-2191-422
WEB www.kosmos.de
E-MAIL info@kosmos.de

Bibliografische Information Der Deutschen Bibliothek
Die Deutsche Bibliothek verzeichnet diese Publikation in der Deutschen Nationalbibliografie; detaillierte bibliografische Daten sind im Internet über http://dnb.ddb.de abrufbar.

Gedruckt auf chlorfrei gebleichtem Papier

© 2003, Franckh-Kosmos Verlags-GmbH & Co., Stuttgart
Alle Rechte vorbehalten
ISBN 3-440-08503-1
Projektleitung: Angela Beck
Redaktion: Alice Rieger
Grundlayout: eStudio Calamar
Printed in Czech Republic/Imprimé en République tchèque

Der Kosmos Verlag ist Mitglied in der
GKF
Gesellschaft zur Förderung Kynologischer Forschung e. V.
Postfach 140353
53058 Bonn
Service-Telefon
01 80 / 3 34 74 94

KOSMOS

PraxisWissen Hund

Die Ratgeber mit dem großen Service

Weitere Titel aus der Reihe PraxisWissen Hund:

- Agility
- Berner Sennenhund
- Bullterrier
- Cairn Terrier
- Dackel
- Deutsche Dogge
- Deutscher Schäferhund
- Dobermann
- Entlebucher Sennenhund
- Erste Hilfe für den Hund
- Hovawart
- Hundeernährung
- Hundeerziehung
- Hundehaltung
- Hundekrankheiten
- Hundeverhalten
- Jack Russell Terrier
- Labrador Retriever
- Mischlinge
- Neufundländer
- Riesenschnauzer
- Rottweiler
- Tierheimhund und Streuner
- Westie
- Zwergschnauzer

Die Reihe wird fortgesetzt

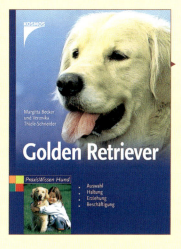

Becker/
Thiele-Schneider
Golden Retriever

ISBN 3-440-07807-8

Viviane Theby
Hundeschule

ISBN 3-440-09092-2

Jedes Buch mit
124 S., ca. 100 Abb.,
gebunden

Je € 12,90
€/A 13,30; sFr 22,60

www.kosmos.de

Preisänderung vorbehalten

InfoLine

Dr. Yvonne Kejcz wurde ihr Leben lang von mehreren Hunden unterschiedlichster Rassen begleitet. Seit einiger Zeit gilt ihre ganz besondere Liebe den Hovawarten. So ist auch ihre derzeitige Begleiterin eine Hovawart-Hündin namens Nessy, der Sie in diesem Buch schon ab und zu begegnet sind. Die Diplompädagogin für Erwachsenenbildung lebt in der Nähe von Stuttgart. Sie versucht unermüdlich, artgerechte Hundehaltung an Hundefreunde heranzutragen und ist durch die beiden Kosmos-Bücher »Hundehaltung« und »Hovawart« sowie durch zahlreiche Artikel in Hundezeitschriften bestens bekannt.

Yvonne Kejcz beantwortet Ihnen gerne Fragen zum Umgang und bei Problemen mit Ihrem Hund. Schreiben Sie die »Hunde-InfoLine« (bitte mit Rückporto):

Kosmos Verlag
»Hunde-InfoLine«
Postfach 10 60 11
D-70049 Stuttgart